10年かかって
地味ごはん。

和田明日香

主婦の友社

　10年前。生まれたばかりの長女と、夫と、わたしの、3人家族でした。結婚を機に始めた料理にもようやく慣れたところで、バタバタと離乳食もスタート。近所には夫の実家があり、義理の母の平野レミにいろいろ教わりながら、家族のごはんを毎日なんとか作っていました。

　その後、長男と次女が生まれ、5人家族に。一日中子どもとべったりくっついて過ごしていると、料理は息抜きになりました。当時はひとりで没頭できることが料理の他になく、気分転換にもなっていたと思います。正直、楽しいばかりではありません。キッチンに立つ気力がない日も、徹底的にサボった日もたくさんあったけど、だからこそうまく力を抜く方法を身につけてきたように思います。

　仕事を始めたのは、6年前。"レミさんちのお嫁さん"としてメディアに出演し始めました。わたしひとりで仕事の依頼をいただくようになっても、はじめは自信のなさから引き受けられずにいましたが、食育インストラクターの資格を取得したことが大きな転機に。わたしだからできることは何なのかを追求しながら、日々仕事を楽しんでいます。

　今年、長女は小学5年生に。もうわたしの服を着こなせるぐらいの身長になりました。年々好き嫌いが激しくなる長男は、3年生になります。いつまでも赤ちゃんでいてほしかった末っ子だって、いよいよ小学生。この子たちと、夫と、いっしょにおいしいごはんを食べたくて、わたしは家でも仕事でも、料理をし続けているんだと思います。

　10年料理をし続けて、たどり着いたのは、名もなき地味なおかずばかり。でも、これがわたしの料理で、これからも作り続けていく、人生の一部のようなもの。ちょっと大げさですが、そういう気持ちで届けるレシピです。楽しんで作ってもらえたら最高だけど、さらに、わたしの料理をあなた流に育てていってもらえたら、もっともっと嬉しいです。

和田 明日香

Part 3

62

「野菜は肉の3倍食べる」が家訓

家族が大好きな野菜料理

Part 4

82

我が家の味は ここからうまれる

和田家のキッチンへようこそ

題字／和田明日香

この本のレシピについて

・材料は4人分です。

・材料の小さじ1は5㎖、大さじ1は15㎖です。

・鰹節は、特に表記がないものは、だし用として売られている、大きくてふわふわしているものを使っています。

・材料の量は目安です。特に野菜は個体差があるので、書いてある通りだとちょっぴり余らせてしまう、なんて時は、どうぞ全部使い切ってください。逆にちょっぴり足りない、なんて時は、わ

ざわざ買いに行かずに、冷蔵庫の中の材料でアレンジしてみるのも手です。また、野菜類は表記のない場合、洗う、皮を剝くなどの作業を済ませてからの手順を説明しています。

・玄米由来の栄養成分を含み、他の油に比べて酸化しにくいので、我が家は米油を使用しています。もちろんサラダ油で代用できます。

・酒は、料理酒を使っています。

くり返し作って、我が家の味に

明日香風の
定番料理

　この本を作ることが決まり、掲載するレシピを選び終えても、不安が残っていました。選ばれたのはとにかく地味な料理達で、「レンチン一発！」とか「包丁いらず！」とか、いつも料理の仕事で求められるキャッチーさはゼロ。料理家の和田明日香というより、ただの母親として家族に作ってきたものばかり。記録としてSNSにはアップしてきたけど、本にしてまで人様に届ける価値はあるのか？という自問に、決着をつけられずにいました。

　ただ。仕事でレシピを出す時は、納得いくまで何度も試作するのですが、この本の試作の時は、一度で迷いなく美味しく作れたのです。くり返し作って、日々バージョンアップしてきたことを実感。迷いなく作れるようになるまでの長い道のりを思いながら試作していたら、いつものおかず達が、とても愛おしく感じられました。これはわたしと家族の歴史だ。大げさだけど、そんなことを思いました。

　料理に関しては、ゼロどころか、マイナスからのスタートだったわたし。今に至るまでの履歴書を書くような気持ちでレシピを伝えて、料理に悩める人に寄り添いたい！　そう思えるきっかけをくれた定番料理達を紹介します。

asuka's episode

実家の肉じゃがはいつも牛肉だった。でも、初めて作る時に見たレシピは豚肉だった。牛で作ったり豚で作ったり、だしで煮たり、にんじん入れたり、絹さや添えたり、調味料変えたり、強火なのか弱火なのか、いろんなやり方を経て、これにたどり着きました。

材料

牛薄切り肉 … 250ｇ
（肩ロースがおすすめだけど、こってり好きはバラでどうぞ）

玉ねぎ … 2個(400ｇ)

じゃがいも … 5個(600ｇ)
（味しみ重視なら男爵、煮くずれさせたくなければメークインを）

糸こんにゃく … 1袋

米油 … 大さじ1と1/2

水 … 500㎖

酒 … 大さじ3

砂糖 … 大さじ2

みりん … 大さじ3

醤油 … 大さじ4

塩 … 小さじ1/2

下ごしらえ

◎ 玉ねぎは大きめのくし切りに。じゃがいもはひと口大に切る。

◎ 糸こんにゃくはザルにうつして水をきる。アク抜きはそのまま熱湯を回しかければOK。長かったらザルの中に入れたままキッチンバサミでちょきちょきカット。

作り方

1 鍋に米油を入れて火にかけ、玉ねぎを炒める。茶色っぽくなるまでよく炒めておくと、甘くてとろとろに。**お肉やじゃがいもにとろとろ玉ねぎが絡む姿を想像しながら根気よく。**

2 じゃがいもと糸こんにゃくを加えて炒め、しっかり油をなじませる。

3 水を入れて、沸いたらアクを取り、酒と砂糖を加えて蓋をする。煮物の味付けは、砂糖が先、塩分はあとから。理由はいろいろあるけど、とにかく先人の知恵！

4 じゃがいもがやわらかくなったら、みりん、醤油、塩を加え、5分ほど煮る。味見して、薄ければ塩で微調整。

5 火を弱めて、牛肉をのせる。**牛肉を落とし蓋がわりにする感じで全体に広げるのがポイント。**20秒程度煮たら火を止めて蓋をする。20分じゃなくて20秒です。お肉にまだ赤いところがあっても大丈夫。10分ぐらいそのまま置いておけば余熱で火が通る。そうすることで**お肉はかたくならないし、ちょっと冷めることでじゃがいもにも味がしみる**のです。

6 盛り付ける前にもう一度火にかけてあたため、全体をざっくり混ぜる。混ぜるとじゃがいもがくずれてくるかもしれないけど、とろみがついてそれもまた美味しいと思う！　気にしなくてよし！

牛肉は蓋をするように広げてのせます。完全に煮汁にひたっていなくて大丈夫。

asuka's episode

金曜日は外食と決めている（ママにだって花金ください）。上曜日は食べ過ぎ飲み過ぎになりがち。というわけで、日曜日の夜は豚汁と焼き魚で体をリセット。たっぷり作って、月曜日の朝にもしっかり食べる。一週間、がんばろうね、って気持ちで。

材料

水 … 1400㎖

だし昆布 … 8㎝×10㎝ぐらい

鰹節 … 30g

米油 … 大さじ1

長ねぎ … 1/2本(60g)

豚切り落とし肉 … 250g

大根 … 6㎝(150g)

にんじん … 1/2本(90g)

ごぼう … 1/2本(80g)

里芋 … 4個(200g)

しめじ … 60g

こんにゃく … 100g

油揚げ … 1枚

味噌 … 大さじ5〜6

下ごしらえ

◎ 鍋に水と昆布を入れて浸しておく。

◎ 長ねぎは3㎝のぶつ切り。大根は厚さ1㎝のいちょう切り。にんじんは大根よりちょっと薄めの半月切り。ごぼうは縦半分に切ってから4㎝の長さに切る。里芋は皮を剥いて1㎝の輪切り。油揚げは1㎝幅に。しめじは石づきを落として小房に分ける。こんにゃくは手でちぎる。煮えればどんな切り方でもOK

作り方

1 水＆昆布の鍋を火にかけ、沸いたら鰹節を入れて2〜3分煮立たせる。火を止めてそのまま置いておく。正直、正しいだしの取り方ではないけど、**おうちで作る豚汁に繊細なだしは不要。**これで十分美味しくなります！

2 別の鍋に米油を熱し、長ねぎを炒める。香ばしいにおいがしてきたら豚肉を加えて、色が変わったら他の具も加える。野菜がしっとりして少しかさが減るまで炒める。

3 **2**の鍋の具の上にザルを置いて、**1**のだしをザブンと注ぎ入れる。ザルを引き上げ、菜箸で鰹節をぎゅぎゅっとつぶしてだしを搾り出す。沸いたらアクを取り、少しずらして蓋をする。**ずらしておかないと噴きこぼれる可能性大。**

4 野菜がやわらかくなるまで煮込んだら、味噌を溶かし入れる。使う味噌によって濃さが違うので、味見をしながらベストな量を見極めてくださいね。

昆布と鰹節のあわせだし、ここに豚と野菜のだしも加わって、しみじみと奥深いうま味に。

切り干し大根

材料

切り干し大根 … 40g(戻す前)

にんじん … 1/5本(30g)

米油 … 大さじ2

A 切り干し大根の戻し汁
　　… 200㎖

　水 … 200㎖

　鰹節(細かいもの)
　　… 1パック(だいたい5g)

　醤油 … 大さじ2

　みりん … 大さじ1

　砂糖 … 大さじ1

　塩 … 少々

炒りごま … 好きなだけ

作り方

1 切り干し大根をボウルから出して、水気をかるく絞る。戻し汁はとっておく。

2 鍋に米油を入れて火にかけ、にんじん、切り干し大根を入れる。切り干し大根が油を吸っちゃった感じになったら、**A**を加える。煮汁がほとんどなくなるまで、中火で10分ぐらい煮る。

3 火を止めて、ごまを指でひねりつぶしながらかける。つぶしたてのごまの香りで味が格上げ。つぶしたあと、指のにおいを嗅いでみて。もはやアロマテラピーですよ。

下ごしらえ

◎ 切り干し大根はザルに入れてほぐし、流水でささっと洗う。ボウルに入れて水に浸し、15分ぐらい置いておく。

◎ にんじんは戻した切り干し大根と同じくらいの太さに切る。

残った切り干し大根は、ざくざくと刻んで、煮汁ごとごはんといっしょに炊きます。

asuka's episode

ひとり目を妊娠中、異常に欲した切り干し大根。戻し汁すら飲んでしまいたいと思うほどで、だったら戻し汁で煮ちゃえばいいんじゃない?とやってみました。切り干し大根と、フィレオフィッシュで乗り切った初めての妊娠。人生が変わった一番の出来事。

娘よ なぜ豚の野菜巻きなのだ

「きょう何食べたい？」と家族に聞くと、だいたい「どうせママが決めるんでしょ」と言われる。

でも長女はたまに、豚の野菜巻きをリクエストしてくれる。何がそんなに好きなんだろう。作る方は結構めんどくさいのよ。

でも決まってリクエストしてくれるおかずがあることが嬉しくて、つい作っちゃう。

明日香風の定番料理

材料

豚肩ロース肉しゃぶしゃぶ用 … 300 g

にんじん … 2/3本（100 g）

ズッキーニ … 1/2本（100 g）

えのき … 120 g

塩 … 少々

こしょう … 少々

片栗粉 … 適量

米油 … 適量

A ┃ 醤油 … 大さじ1
　　┃ 酒 … 大さじ1
　　┃ みりん … 大さじ1
　　┃ 砂糖 … 小さじ1
　　┃ にんにく … 1/2片

こしょう（お好みで）… 適量

下ごしらえ

◎ にんじんは細く千切り。ズッキーニはにんじんよりやわらかい分、ちょっと太めに千切り。

◎ えのきは石づきを切ってほぐす。

◎ にんにくをすりおろして、**A**と混ぜる。

作り方

1 豚肉を広げ、野菜を置いて、巻く。別に巻かなくたってこのまま炒めた方が早いじゃん、なんて思わずに、巻く。12本ぐらいできるはず。

2 バットに並べて、塩、こしょうをふってコロコロ、片栗粉をふってコロコロ、まぶす。

3 フライパンに米油を熱し、**2**を並べる。肉の色が変わるまでコロコロ、焼く。

4 **A**を加えてコロコロ、絡めながら焼く。器に盛り付けて、お好みでこしょうをふる。

肉の手前に野菜を置いてくるくる。野菜は加熱でカサが減るので、たっぷり巻きましょう。

煮付けの美味しさが凝縮している
煮汁をどう活かすか、これが長年
の課題。ちょうどよかったのが絹
豆腐！　やわやわなので扱いには
気を使うけど、これ以上の煮汁引
き立て食材は今のところ見つけら
れず。煮汁色に染まった口どけの
いい絹豆腐、もはや飲み物です。

明日香風の定番料理

材料

金目鯛の切り身 … 4切れ

絹豆腐 … 1/2丁（200g）

水 … 200㎖

だし昆布 … 5cm×5cm

酒 … 200㎖

砂糖 … 大さじ1

みりん … 大さじ3

たまり醤油 … 大さじ3
（大豆だけでつくられるうま味の強い醤油。
色は濃いけど、塩分が強いわけではない。
ぜひ使ってみてほしいけど、もちろん普通
の醤油でも）

しょうが … 1片

下ごしらえ

◎ 鍋に水を入れて昆布を浸しておく。

◎ 切り身の皮側に包丁で切り目を入れる。味しみがよくなるのと、皮が縮んだり破けたりして見栄えが悪くなるのを防ぐため。このためにまな板を汚すのは嫌なので、トレーでちゃちゃっとやってます。

◎ しょうがは皮付きのまま細く千切り。

作り方

1 切り身をザルに入れて、熱湯をたっぷり回しかける。臭みを流し落とすイメージで。そのあと**流水をやさしくあてながら**、表面のヌルヌルや血合いを取り除く。

2 豆腐はキッチンペーパーで包んで電子レンジ（500W）で2分加熱。そのまま重し（お皿など豆腐がつぶれなければなんでも可）をのせてしっかり水きりする。

3 昆布を水に浸した鍋に皮を上にして切り身を並べ、酒、砂糖を加えて強めの中火にかける。沸いたらアクを取る。

4 みりんとたまり醤油を加えて落とし蓋をして、5分煮る。切り身が薄かったり小さかったりする場合は、3分程度でOK。

5 しょうがと、食べやすく切った豆腐を加え、さらに5分煮る。煮汁が少なくなってきたら、スプーンですくってかけながら煮る。**一滴でも多くの煮汁をしみ込ませてやるという気迫で。**

17

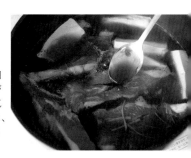

最後に煮汁を回しかける工程が大切。ここで気持ちを込めると、味もよくしみる（気がする）。

数十年後もきっと 高野豆腐

ここ数年、夫の誕生日には居酒屋を開店。子ども達がお品書きを作り、注文も取ってきてくれます。

私は厨房（まあキッチンなんだけど）でせっせと料理。夫に必ずリクエストされるのが「だししみしみの」高野豆腐。誕生日に高野豆腐かい、と思うけど、何十年も変わらず高野豆腐を作ってお祝いしてあげたいです。

材料

高野豆腐 … 4枚
A 水 … 600㎖
　みりん … 大さじ3
　醤油 … 大さじ2
　砂糖 … 大さじ1と1/2
　塩 … 小さじ1/4
　鰹節 … 20g
鰹節（細かいもの）
　… 1パック（4〜5g）
（我が家では追い鰹節として入れますが、そこまでだしをきかせなくてよければ省いても）

作り方

1 鍋にたっぷりお湯を沸かし、火を止めてすぐに高野豆腐を沈める。3分間浸しておく。**浸しすぎるととけちゃうので注意。**

2 1の鍋のお湯をきれるだけきって、鍋に水（分量外）を足しながら高野豆腐を冷ます。高野豆腐を手のひらでやさしくじわじわと押さえて水を搾り出し、食べやすい大きさに切る。

3 鍋にAを入れて2〜3分煮立たせ、鰹節をすくい取る。味噌こし器を使うと便利。

4 3の中に高野豆腐と細かい鰹節を入れ、弱火で3〜5分煮る。

18

明日香風の定番料理

高野豆腐を搾るときは、中から熱湯がしみ出てくるので、必ず冷たい水の中で作業しましょう。

ぶりかけ & ブリトニー

材料

ぶりの切り身 … 2切れ

しょうが … 1〜2片

醤油 … 大さじ3

酒 … 大さじ3

みりん … 大さじ3

砂糖 … 大さじ1

炒りごま … 大さじ1〜2

下ごしらえ

◎ しょうがは皮付きのままみじん切りにする。

作り方

1　鍋に、炒りごま以外の材料をすべて入れ、中火で煮立たせる。

2　湯気をクンクンして、酒とみりんのアルコールの香りがしなくなったら弱火に落とし、ぶりに火が通るまで4〜5分煮る。

3　ヘラでぶりの身や皮、血合いを細かくほぐす。骨が出てきたら取り除く。

4　身が煮汁をほとんど吸って、**逆に脂が出てくるようになったら火を止め**、炒りごまを加える。

asuka's episode

ぶりの照り焼きって、身がくずれやすいし、どうもパサついてしまう。だったら、あえてくずしてしまえばいいじゃない。しっかり煮汁が絡むからパサつくこともない。魚嫌いの長男もふりかけ感覚で食べてくれるので、うちのぶり照りはこのスタイルで決定。チーズとクラッカーと合わせた「ブリトニー」は、居酒屋を始めた時のお通しにすると決めています。

チーズはカマンベールやブリーチーズなどクリーミーなものがおすすめ。オリーブオイルをかけても。

プルコギって呼んでごまかしてるけど、要は野菜炒め。冷蔵庫にある野菜、何を入れてもだいたい美味しくなる。今日のごはん何にするか、何も思いつかない時は、だいたいプルコギです。アレンジ自由な鉄板お助けメニューとして、これからもきっとめちゃくちゃお世話になります。

明日香風の定番料理

材料

牛薄切り肉 … 300g
（味しみが早く、炒めてもかたくなりにくいので、ペラッペラが理想）

玉ねぎ … 1/2個（100g）

A りんごジュース … 100mℓ
（りんごをすりおろしてもOK）

醬油 … 大さじ2

オイスターソース … 大さじ2

酒 … 大さじ1

砂糖 … 大さじ1

ごま油 … 大さじ1

塩 … 少々

にんにく … 1片

しょうが … 1片

にんじん … 1/3本（50g）

セロリ … 1/2本（50g）

ニラ … 1/3束（30g）

ごま油 … 適量

下ごしらえ

◎ **A**のにんにくとしょうがはすりおろす。

◎ 玉ねぎは1cm幅のくし切り。にんじんは薄い短冊切り。セロリは斜め薄切り。ニラは4cmぐらいの長さに切る。

作り方

1 ポリ袋に**A**を混ぜてたれを作り、牛肉と玉ねぎを加えてもみ込む。できれば30分ほど、せめて5分だけでも、置いておく。

2 フライパンに*1*を汁ごと入れ、中火で炒める。

3 肉の色が変わったら、にんじんとセロリを加えて1〜2分炒め、火を止めてからニラとごま油をひと回し加えて混ぜる。野菜は"炒める"というより、フライパンという名のボウルで"和える"みたいな気持ちでいると、味がまんべんなく絡み、食感もシャキシャキに仕上がります。

困った時のプルコギ

ニラは火を止めてから入れて食感と香りをキープ。ごま油も仕上げに加えた方が香りが活きます。

明日香風の定番料理

朝チャーハン

チャーハンって、どんな時に作りますか？ 我が家でチャーハンといえば、朝ごはん。いつも冷蔵庫にあるような、ハムやじゃこなど塩気のあるものと、ねぎと卵、冷凍ごはんがあればできちゃうから。寝坊した、二日酔い、子の機嫌が悪いなどなど、朝のいろんなピンチを乗り越えながら作り続けてきたレシピです。

25

材料

長ねぎの青い部分 … 1本分(30g)

長ねぎの白い部分 … 15cm(30g)

米油 … 大さじ2

ハム … 4枚

温かいごはん … 450g

卵 … 2個

醤油 … 大さじ1

塩 … 少々

黒こしょう … 少々

下ごしらえ

◎ 長ねぎの青い部分、白い部分は、それぞれ粗みじん切りにする。別のタイミングで使うので、別にして置いておいてください！ ハムも粗みじん切りに。

作り方

1 フライパンに、油と**長ねぎの青い部分**を入れて中火にかけ、ねぎがカサカサしてくるまで炒める。

2 ハム、ごはんを順に加えて、**ごはん一粒一粒に油がコーティングされますように**、と願いながら炒める。

3 フライパンの端を空けて卵を割り入れ、**スクランブルエッグ状に固まるまで炒めてから全体と混ぜあわせる。チャーハンをパラッとさせるための卵との付き合い方、これが一番いいと思うんです。

4 再度フライパンの端を空けて、長ねぎの白い部分を入れ、醤油をかけてねぎをグツグツさせる。香ばしい香りがしたら、全体を混ぜ、塩、こしょうをふって、**空気を込めるように**ふわっパラッと炒める。

材料

鶏もも肉 … 2枚

A 紹興酒 … 大さじ2
（酒でも代用できるけど、この紹興酒の香りが味を底上げしてくれるのです）
砂糖 … 小さじ1/2
塩 … 小さじ1/4

片栗粉 … 大さじ3

ごま油 … 大さじ4

長ねぎ … 8cm

にんにく … 1片

しょうが … 1片

B 醤油 … 大さじ3
黒酢 … 大さじ2
（米酢でもOK）
砂糖 … 大さじ2
水 … 大さじ1

〈飾り用〉

水菜 … 適量

下ごしらえ

◎ 飾り用の水菜をざく切りにする。

作り方

1 鶏もも肉はフォークで何箇所も刺してからボウルに入れ、**A**をもみ込む。続いて片栗粉も加えてもみ込む。

2 フライパンにごま油を強火で熱し、**皮を下にして**鶏肉を焼く。皮にしっかり焼き色がついたら返して、裏側も焼き色がつくまで強火で焼く。中火に落として蓋をせず7分。蓋をした方が火の通りは早いけど、**せっかくのガリガリ衣がしっとりしちゃうので、蓋はなしで**。網にあげて油をきりながらそのまま置いておく。

3 鶏肉に余熱で火を通している間にたれを作る。長ねぎをみじん切り、にんにくとしょうがはできる限り細かく切って、**B**とあわせて混ぜる。

4 お皿に水菜を敷いて、鶏肉を食べやすい大きさに切って盛り付け、たれをかける。

27

asuka's episode

まあ、そりゃ、唐揚げは最強ですよ。いつだってめちゃくちゃ喜ばれるけど、わたしは甘酸っぱいたれをたっぷりかけて食べたくて、つい油淋鶏にしてしまいます。唐揚げは夫の方が作るのが上手。普通の唐揚げは、パパが作ってくれるからね、って言って、遠慮なく油淋鶏でビールを飲むのです。

回鍋肉は味噌で良し

回鍋肉は実家でよく出てきたおかず。甜麺醤に豆板醤、オイスターソース、なんて、中華調味料もいろいろ使ってきたけど、味噌をベースにするのが一番しっくりきています。醤油麹を作るようになってから、豚肉の下味はいつも醤油麹頼み。味噌も醤油も、選ぶものでいろんな味になるかも。うちごとにいろんな味になるかも。それが家のごはんの面白いところだよなぁ。

材料

豚肩ロース肉薄切り … 400g

長ねぎ … 1/2本(40g)

キャベツ … 1/4玉(300g)

ピーマン … 3個

醤油麹 … 大さじ2
(そんな急に言われたってありませんよ!という方、そりゃそうですよね。すみません。醤油大さじ1+酒大さじ1で構わないです)

A | 味噌 … 大さじ2
　　(色が濃い目でしっかりどっしりした味の味噌がおすすめ。あれば甜麺醤でも)
　　砂糖 … 大さじ2
　　紹興酒(酒でもOK) … 大さじ2

米油 … 大さじ1

下ごしらえ

◎ 豚肉は大きければひと口大に切る。長ねぎは斜め薄切り。キャベツはざく切り。ピーマンは乱切り。キャベツとピーマンは、手でちぎってもいいので、子どもにお手伝いしてもらえます。

◎ Aを混ぜる。

作り方

1 豚肉に醤油麹をもみ込む。この麹の力がすごくて! 奥深い下味をつけつつ、豚の臭みも消して、しっかり炒めても肉がかたくならない。詳しくは、醤油麹のページ(P89)を見てくださいね。

2 肉をつけている間に、野菜の下ごしらえを。

3 フライパンに油と長ねぎを入れて火にかけ、香りがたったら豚肉を入れる。肉の色が変わったら混ぜたAを加え、しっかり肉に絡ませる。キャベツとピーマンを加えて炒めあわせ、野菜、まだちょっとかたそうだなぁというぐらいで火を止める。

麻婆豆腐 偽豆腐

材料

木綿豆腐 … 1/2丁(150g)

豚ひき肉 … 200g

長ねぎ … 15cm(30g)

にんにく … 1片

しょうが … 1片

かぶ … 中2個(140g)

A　酒 … 大さじ1

　　味噌 … 大さじ1

　　みりん … 大さじ1

　　醤油 … 小さじ2

　　片栗粉 … 小さじ1と1/2

　　豆板醤 … 小さじ1
　　（辛いものが苦手な方やお子様が
　　召し上がるときは抜いてください。
　　代わりに塩をひとつまみプラス）

　　水 … 100ml

ごま油 … 小さじ1

粉山椒 … 適量

下ごしらえ

◎ 長ねぎ、にんにく、しょうがはみじん切り。かぶ
は皮付きのまま1.5cmのサイコロ状に切る。

◎ Aを混ぜる。

作り方

1　豆腐はキッチンペーパーに包んで電子レンジ
(500W)で2分加熱し、水をきる。粗熱が取れた
ら2cm角に切る。食感のバランスがよくなるよう
に、かぶよりちょっぴり大きめで。

2　フライパンに豚ひき肉を入れて火にかける。
豚の脂がたっぷり出てくるので、油は不要。

3　豚から脂が出たら野菜をすべて加え、香り
がたったらAを加える。とろみがついたら豆腐
を加えて3〜4分煮込む。火を止めてごま油を回
しかけ、器に盛り付ける。わたしはじゃんじゃか
山椒をふって食べます。

asuka's episode

麻婆豆腐って、飲み物だと思う。
ごはんにかける時はいいんだけど、
ビールのつまみにそれだけで食べ
るとなると、もう少し食感がほし
いところ。かといってあの世界観
を壊したくはない。そこで思いつ
いたのが、かぶ豆腐化作戦でした。
味にクセがなく、コリコリ食感が
よく、豆腐と同じで白い（これ大
事）。かぶ、グッジョブだよ。

明日香風の定番料理

たまに作りたくなる ロールキャベツ

材料

キャベツ … 1玉
（使うのは外側の葉10枚程度だけど、
それをとるためには結局1玉買わない
といけないのよね）

豚ひき肉 … 400g

塩 … 少々

こしょう … 少々

玉ねぎ … 1/2個（100g）

牛乳 … 大さじ1

A 水 … 200ml

  ホールトマト缶 … 1缶

  にんにく … 1片

  醤油 … 大さじ1

  砂糖 … 小さじ1

  ハーブ塩 … 小さじ1
  （塩小さじ1/2でもいいけれど、
  ハーブ塩なら香りがつく）

  ローリエ … 1枚

オレガノ（乾燥）… 少々

下ごしらえ

◎ キャベツは芯にそって包丁を入れ、芯をくり抜く。葉を1枚ずつ、全部で10枚分めくるんだが、これが神経を使うんだな。破けないように、流水にあてて水の力を借りながらめくってみてください。まあ、ちょっとぐらい破けても大丈夫。あまりにもボロボロになったらそのまま塩をつけて食べましょう。

◎ 玉ねぎはすりおろす。

◎ にんにくは薄切りに。

作り方

1 鍋にお湯を沸かし、キャベツを1枚ずつさっと茹でてザルにあげる。太い軸を切り取る。

2 ボウルにひき肉と塩、こしょうを入れ、粘りが出るまでよくこねる。玉ねぎと牛乳を加えてさらにこねる。ボウルの中で10等分にしておく。

3 キャベツに**2**をのせて包む。キャベツの手前の方に肉だねを置いて、左右をたたみ、くるくるっと巻いていく感じ。10個作る。

4 鍋に**A**を入れて火にかけ、トマトをヘラでつぶす。沸いたら弱火にして**3**を並べ、落とし蓋をして30分程度煮込む。

5 器に盛り、オレガノをかける。

asuka's episode

なぜ "たまに" なのかというと、ズバリめんどくさいからです。キャベツの下ごしらえも、肉こねるのも、1個1個包むのも、30分も煮込むのも、全部めんどくさい。でもね、このめんどくさいことを、たまにやりたくなるんですよね。キッチンで根詰めて作業したくなる。料理が好きなんでしょうね。

明日香風の定番料理

絶灯 ふわふわ鶏つくね

絶対、なんて言っちゃうからには、ふわふわに仕上げる技があるのです。このたえは、えのき。えのきを入れることで、肉がぎゅうっとかたくなりません。えのきのうま味でジューシーさもアップ。冷めてもふわふわキープ。カサ増しにもなってヘルシーときた。もうえのきを混ぜない手はないでしょ。細長く焼いて串に刺して、焼き鳥屋気分を味わうのも楽しいですね。卵黄なんか添えちゃったりしてね。

材料

鶏ひき肉 … 400ｇ

塩 … 少々

こしょう … 少々

A｜えのき … 100ｇ

長ねぎ … 1/2本（40ｇ）

しょうが … 1片

片栗粉 … 大さじ1

B｜味噌 … 大さじ3

みりん … 大さじ3

醤油 … 大さじ1

砂糖 … 小さじ1

ごま油 … 適量

すだち … 2個

下ごしらえ

◎ えのきは4㎜に刻む。長ねぎはみじん切り。しょうがはすりおろす。

◎ すだちは半分に切る。

◎ Bを混ぜる。

作り方

1 ボウルに、鶏ひき肉と塩とこしょうを入れて粘りが出るまでこね、Aを加えてさらにこねる。ボウルの中で8等分して、円盤型に成型する。**手に油（分量外）を塗りながら成型する**と表面がつるんときれいに仕上がります。

2 フライパンにごま油を熱し、強火で**1**を焼く。両面にしっかりと焼き色がついたら弱火に落とし、蓋をして5分焼く。

3 Bを入れて火を強め、**たれを絡めながら**こんがりと焼く。皿に盛り付け、余ったたれをつくねの表面に塗る。すだちを添える。

おかず だけど つまみ でもある

毎日開店！
居酒屋 和田屋

チンゲン菜
調味料不要蒸し

遠慮なしのよだれどり

とりあえずポテト 里芋版

もやしと卵のスープ

37

　よく聞かれるけどいつも答えに困る
のが「得意料理はなんですか?」とい
う質問。これ!といった一品を答える
のは難しいけど、得意なジャンルなら
あるんです。それが、お酒のつまみに
もおかずにもなる料理。大人はお酒と
ちょこちょこつまみたいけど、子ども達
にはごはんともりもり食べてほしい。我
が家ではそんな状況が多くて、自然と
得意になりました。小料理屋の女将に
なったつもりで、その日のお客さん(自
分達だけど)の気分に合わせて、さ
さっとこしらえる。気分って大事で、そ
れだけでずいぶんと捗るんですよ。

とりあえずポテト 里芋版

とりあえずポテトがあれば子ども達を黙らせることができるので、これまでいろんな芋を揚げてきました。里芋は、ねちょねちょを利用すれば衣つけが簡単。大人の方が手が止まらなくなるという噂も。

材料

里芋 … 8〜10個(400〜500g)

パン粉 … 適量

塩 … 少々

スイートチリソース … 適量

米油 … 適量

作り方

1 里芋は皮を剝いてひと口大に切り、さっと水にさらして耐熱皿に並べる。ふんわりラップをかけ、電子レンジ(500W)で8〜10分加熱。

2 その間にパン粉を細かくする。ここでフードアシスタントさんに教わった裏ワザ。ザルにパン粉を入れて、その下にボウルをスタンバイ。手でパン粉を押しつぶすようにすると、簡単に細かくできます! それを聞くまでフープロ出してやってたけど、こっちのほうが楽チン。

3 フライパンに米油を底から1cm程度の高さまで入れ、170℃に熱する。

4 里芋のねちょねちょにパン粉を接着させて、きつね色になるまで揚げ焼き。

5 塩をふりかけてお皿に盛り、スイートチリソースを添える。

毎日開店! 居酒屋 和田屋

もやしと卵のスープ

汁物、あるのとないのとじゃ食事の満足度がぜんぜん違う。超簡単でいいから作るようにしています。具はなんでもOK、青菜やセロリもおすすめ。なんなら卵だけでもいいぐらい。大事なのは、汁物がある、こと。

材料

もやし … 100g

ごま油 … 小さじ2

A｜水 … 600㎖

　｜鶏がらスープの素(顆粒)

　｜　 … 小さじ1

　｜醤油麹(醤油でもOK) … 小さじ1

卵 … 2個

長ねぎ … 適量

下ごしらえ

◎ 長ねぎは、できれば青い部分を使ってみじん切り。小ねぎやパクチーでもOK。ちょっとした香りと彩りを足したいという思いでトッピングしてください。

作り方

1 鍋にごま油を熱し、強火でもやしをしっかり炒める。

2 Aを加え、沸いたら、卵を溶いて回し入れる。泡のたっているところを目指して少しずつ卵を落とすと、泡の力で卵がふわっと広がって、上手なかきたまができます。

3 再度沸いてきたら火を止めて盛り付け、ねぎを散らす。

名前が最高ですよね。思い出すだけでよだれが出る、という料理。このたれだけは子どものことを考えず、思いっきり辛く作る。ママはどうしても辛いものが食べたいのだと、よだれたらしながら宣言して。

材料

鶏胸肉 … 2枚

A　水 … 1000㎖

　　紹興酒 … 100㎖
　　（酒で代用できますが、紹興酒にするだけでものすごく本格的な味に）

　　長ねぎの青い部分 … 1本分(30g)

　　しょうが … 1片

　　砂糖 … 小さじ1

　　塩 … 小さじ1/2

パクチー … 好きなだけ

〈たれの材料〉

にんにく … 1片

長ねぎの白い部分 … 8㎝(15g)

醬油 … 大さじ3

砂糖 … 大さじ2

黒酢 … 大さじ1

ごま油 … 大さじ1

ラー油 … 小さじ2〜

あればホワジャオ(パウダー)
　　… 小さじ1/2〜

茹で汁 … 大さじ3〜4

下ごしらえ

◎ しょうがは皮付きのまま薄切りに。パクチーはざく切り。

作り方

1　鍋にAを入れて沸かし、鶏胸肉を沈めて1分茹でる。火を止めて蓋をして、そのまま20分以上置いておく。じわじわ火を通すことで、しっとりやわらかはもちろん、うま味がじゅわっと溢れる鶏胸肉になります。

2　その間にたれを作る。にんにくはすりおろし、長ねぎはみじん切りにして茹で汁以外の材料と混ぜておく。茹で汁は胸肉を取り出してから加えましょう。

3　鶏胸肉は、繊維を断つように斜めにそぎ切りするのがおすすめ。よりやわらかくなる気がします。切った胸肉を器に盛り、茹で汁を合わせたたれをかけて、パクチーをトッピング。

遠慮なしのよだれどり

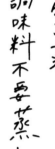

チンゲン菜は、白菜と青菜のいいとこ取りといった感じがして好きです。炒めるより、じんわり蒸す方が美味しさを引き出せる気がする。ハムとほたての塩気とうま味がいい仕事してくれるので、味付け不要です。

材料

チンゲン菜 … 2株(320g)

ハム … 4枚

ほたて水煮缶 … 小1缶(65g)

にんにく … 1片

ごま油 … 大さじ1程度

黒こしょう … 適量

下ごしらえ

◎ チンゲン菜はざく切りに。軸のところも縦に切れば食べられちゃいます。ハムは細切り。にんにくはみじん切りにする。

作り方

1　フライパンに、チンゲン菜の軸を広げ、ハム、ほたて水煮缶を汁ごと、チンゲン菜の葉、にんにくを順にのせ、最後に鍋肌からごま油を回しかけて、蓋をして中火にかける。

2　3分ほど経ってチンゲン菜がしんなりしたら、全体を混ぜて器に盛る。黒こしょうをふる。

チンゲン菜　調味料不要蒸し

肉団子のスープ
給食の思い出

おばあちゃんの
里芋こんにゃく煮

メス指定 ししゃも

41

もやしとキクラゲと
パクチーがあったから

おばあちゃんの里芋こんにゃく煮

asuka's episode

おばあちゃんの煮物には、ねじねじしたこんにゃくが入ってたなぁ。里芋の煮物は、お醤油で真っ黒だった。おばあちゃんの家の近くでやる「ボロ市」という行事では、毎年必ず山形名物の玉こんにゃくを露店で買って食べる。わたしに染みついたおばあちゃんの思い出でできたレシピです。

材料

里芋 … 10個(500g)

玉こんにゃく … 1袋(200g程度)

A 水 … 2カップ
　醤油 … 大さじ2
　酒 … 大さじ2
　みりん … 大さじ2
　白だし … 大さじ2
　砂糖 … 大さじ1
　鰹節(細かいもの)
　　　 … 1パック(4～5g)

下ごしらえ

◎ 里芋は皮をむき、玉こんにゃくとだいたい同じサイズに切りそろえる。

◎ 玉こんにゃくは必要であれば、ザルに入れて熱湯を回しかけてアク抜きをする。

作り方

1 鍋にAを入れて混ぜ、里芋と玉こんにゃくを加えて火にかける。落とし蓋をして弱めの中火で10～15分煮る。

2 里芋がやわらかくなったら落とし蓋を外し、煮汁を煮詰める。冷ましてから食べるとより味がしみしみになりますよ。

毎日開店！ 居酒屋 和田屋

もやしとキクラゲとパクチーがあったから

asuka's episode

冷蔵庫に残っていた食材でひねり出したサラダ。もやしとキクラゲの組み合わせなら、この味付けしかない！と、エスニック風に。ライムは、入れるだけで味も香りもグンとしゃれた感じになるので、よく冷蔵庫に転がっています。普段のドレッシングの酸味をライムに変えるだけでも、バリエーション倍増。

材料

豆もやし(普通のもやしでも) … 1袋(200g)

生キクラゲ … 70g

A パクチー … 2茎
　ナンプラー … 大さじ1と1/2
　砂糖 … 小さじ2
　にんにく … 1/2片
　ライム … 1/2個

下ごしらえ

◎ もやしの根、取るか取らないか問題。わたしは滅多に取りません。取る派のあなた、なんてえらいんだ！

◎ パクチーはざく切り。根っこがついて売ってたら、ラッキーだと思って捨てないで！ よく香りが出ます。洗って細かく刻んで、ドレッシングに加えてください。

◎ にんにくはできるだけ細かくみじん切り。

◎ ライムはぎゅうぎゅう搾る。

作り方

1 ボウルでAを混ぜる。

2 鍋にお湯を沸かし、もやしとキクラゲをさっと茹でてザルにあげる。キクラゲは細切りにする。

3 1のボウルに2を加えて和える。

asuka's episode

末っ子の6歳の誕生日、夜ごはんにリクエストされたのが、豚カツと、ししゃも。「ママ、ししゃもは、メスのやつね」との注意付きで。末っ子の好物は他にも、ホタルイカとか、梅水晶とか、「親が酒飲みなもんで」と言ってるようなものばかり。大人がこっそり食べてるものって、子どもにとってはものすごく特別に見えるんでしょうね。

材料

ししゃも … 8尾
レモン … 1/2個

作り方

1 ししゃもはグリルでこんがりと焼く。カットしたレモンを添える。

asuka's episode

みなさんが好きだった給食のおかずはなんですか？　わたしは肉団子と春雨のスープがダントツで好きでした。肉は鶏じゃなくて豚だったかもしれない。別に中華風の味付けじゃなかったかも。記憶はおぼろげだけど、いつも給食を思って作ってます。

材料

鶏ひき肉 … 250g
塩 … 少々
A ┃ 玉ねぎ … 1/4個（50g）
　┃ 卵 … 1個
　┃ 炒りごま … 大さじ1
　┃ 醤油 … 小さじ1
　┃ 片栗粉 … 大さじ1
B ┃ 水 … 4カップ
　┃ 鶏がらスープの素（顆粒）
　┃ 　　… 大さじ1と1/2
　┃ 塩 … 小さじ1/2
　┃ にんにく … 1片
　┃ 春雨（乾燥）… 30g
　┃ しいたけ … 2枚
ごま油 … 大さじ1
小ねぎ … 2本

下ごしらえ

◎ Aの玉ねぎはみじん切り。
◎ Bのにんにくは重たいボウルや瓶の底でバンっと叩いてつぶす。しいたけは薄切りにする。小ねぎは小口切りに。

作り方

1 ボウルに、鶏ひき肉と塩を入れて粘りが出るまでこねてから、Aを加えてさらにこねる。

2 鍋にBを入れて火にかける。春雨は煮ている間にやわらかくなるので、戻さずそのまま入れて大丈夫。煮立ったら1をスプーンで丸くすくって加える。

3 アクを取りながら煮込み、肉団子が浮いてきたら火を止めて、香り付けにごま油を回し入れる。器に盛って小ねぎを散らす。

まぐろのブツと
岩田さんの醬油麹

毎日開店！居酒屋和田屋

大人の分は残らない
長芋ソテー

油揚げ オクラだれかけ

45

塩が主役のピェンロー鍋

大人の分は残らない 長芋ソテー

作りすぎて、もはやあんまり喜ばれなくなってしまったぐらい、子ども達が大好きな鉄板おかずです。そりゃあ好きだよね。バター醤油に、青のりだもの。どんな芋で作ってもOKですが、完全に火が通らなくても美味しく食べられる長芋で作るのが、気楽でオススメです。

材料

長芋 … 1本(400g)
塩 … 少々
小麦粉 … 適量
バター … 15g
醤油 … 小さじ2
青のり … 適量

下ごしらえ

◎ 長芋は皮付きのままでもいいし、皮を剝いてもいい。お好みでどうぞ。1.5㎝角、長さ4〜5㎝に切る。

作り方

1 長芋をポリ袋に入れて塩をふり入れる。小麦粉を加えて、中に空気を入れてから袋の口を握り、しゃかしゃか振ってまぶす。

2 フライパンにバターを熱し、1を焼く。こんがり焼き色がついたら醤油を加えて絡め、火を止めて青のりをまぶす。

油揚げ オクラだれかけ

油揚げは、我が家の男チーム（夫と息子）の好物。パパが好きなんだよ、って教えてるわけじゃないのに、夫の好物はなぜか息子も好きになる。新潟出身の友人が「美味しいから食べてみて」とくれた栃尾の油揚げ。油揚げでこんなに贅沢な気持になれるのか！と、感動しました。

材料

油揚げ … 1枚
（栃尾の油揚げみたいに、ボリュームがあるものを使ってもらいたい！）
醤油 … 少々
オクラ … 5本
長ねぎ … 10㎝(20g)
ポン酢 … 大さじ3

下ごしらえ

◎ 長ねぎをみじん切りにする。オクラを茹でる用のお湯を沸かしておく。

作り方

1 油揚げに醤油をたらっと垂らし、指で塗り広げる。オーブントースターでこんがりと焼く。取り出して食べやすい大きさに切り、器に盛る。

2 オクラはさっと茹でて水気をきり、包丁で粗めに叩いてボウルに入れる。長ねぎとポン酢を加えて混ぜてたれを作り、1にかける。

面白い名前ですよね。中国の山奥で、人をもてなす時に作られるんです。塩が貴重品のその地域では、味付けの塩がごちそうとしてふるまわれるそう。そのポリシーを守って、我が家でも、塩はあとから各自で足す食べ方に。鍋はほったらかしといて大丈夫だし、味付けも各自で仕上げるので、時間はかかるけどとっても楽チンな料理です。

材料

鶏もも肉 … 1枚
豚バラ肉 … 200g
A｜ 水 … 1200㎖
　　干ししいたけ … 4枚
　　だし昆布 … 5cm×5cm
　　白菜 … 1/8株(300g)
塩 … 小さじ1
ごま油 … 適量
塩 … 適量
こしょう … 適量

下ごしらえ

◎ 白菜はそぎ切り。そぎ切りとは、断面が大きくなるように、斜めに切ることであります。火の通りが早く、味しみがよくなるので、お鍋の時におすすめの切り方。鶏もも、豚バラは、ともにひと口大に切る。

作り方

1 鍋にAを入れて弱火にかけ、じっくり煮立てる。わたしはいつも、昆布もしいたけも最後まで入れっぱなし。昆布のえぐみや臭みが気になる人は、肉を入れる前に取り除いてくださいね。

2 煮立ったら鶏肉と豚肉を加え、再度沸いたらアクを取り、塩を加える。煮込めば煮込むほど美味しい。最低でも30分はコトコトしたいです。仕上げに、ごま油を鍋一周ぐるりと回し入れる。器に取り分け、各自ちょうどいい塩加減になるように塩を加え、こしょうをふる。

塩が主役のピェンロー鍋

47

大分で農業をされている岩田さんが、自家製の米麹を送ってくれるんです。米麹に醤油を混ぜるだけでできる醤油麹が大好き。醤油麹はまるで魔法の調味料。お刺身に絡めておくと、しっとりやわらか、臭みも抜けてめちゃくちゃ美味しくなります。岩田さん、いつもありがとう！

材料

まぐろ刺身ブツ … 150gほど
醤油麹 … 大さじ1〜2
（作り方は89ページを参照）
焼きのり … 1/2枚
炒りごま … 小さじ1
わさび（お好みで）… 適量

作り方

1 まぐろブツはキッチンペーパーで水気を拭きとり、ボウルに入れて、醤油麹を絡める。

2 焼きのりをちぎって加えて和え、器に盛り、ごまを指でひねりつぶしながらふる。お好みでわさびをつける。

まぐろのブツと岩田さんの醤油麹

結婚したばかりの頃、レミさんに鯵のさばき方を教えてもらった。「みんなは頭からやるんだけどさ、私は反対からやっちゃうの」と言って、尾の方からススッと包丁を入れ、流れるような手つきであっという間に三枚おろしに。超かっこよかった。なめろうを作るときは、レミさん流で鯵をさばき、さらに南房総流の食べ方でいただく。大事なことはどんどん真似して、残していかねば。

南房総で教わった 鯵のなめろう

材料

鯵の刺身 … 120〜150g
にんにく … 小1片
しょうが … 小1片
長ねぎ … 15cm（30g）
大葉 … 5枚
味噌 … 大さじ1
醤油 … 小さじ2
酢（お好みで）… 適量

下ごしらえ

◎ にんにくとしょうがは**できるだけ細かくみじん切り**。長ねぎはそこまでじゃなくてもいいけどみじん切りにする。大葉は適当にザクザク切る。

◎ 鯵はキッチンペーパーで水気を拭く。

作り方

1 下ごしらえした野菜と鯵をまな板に並べて、包丁で叩きながら全体をあわせる。粗めに仕上げて鯵の食感を残すか、しつこく叩いてねっちょりさせるか、その時の気分でどうぞ。

2 味噌と醤油も加え、**混ぜるように叩く**。南房総（なめろう発祥の地らしい）のお寿司屋さんで「酢かけて食うと美味いよ」と聞いて以来、我が家ではお酢がマスト。

HOFF風 鯛と柴漬けのマリネ

「HOFF」というのは、初台にあるめちゃくちゃかっこいいお店で、料理も、インテリアも、店長の小池さんも、家族みんなが大好き。そこで食べたマリネが美味しくて面白くて、家でもできないかなぁと、パクらせてもらいました。お店の味には到底かなわないけど、なかなか気に入ってます。写真では、気取ってディルなんかのせちゃってますが、もちろんなくていいです。たまたま家にディルが、なんてこと、わたしはほぼないな。

材料

鯛の刺身 … 150g

きゅうり … 1本

柴漬け … 大さじ3

小ねぎ … 2本

A オリーブオイル … 大さじ2

醤油 … 小さじ2

白ワインビネガー … 小さじ1

粉山椒 … 少々

下ごしらえ

◎ 鯛の刺身は小さめのひと口大に切る。きゅうりはサイコロ状に切る。柴漬けは**コリコリ食感が残る程度に**刻む。小ねぎは小口切りにする。

作り方

1 ボウルで**A**を混ぜる。

2 下ごしらえした具を*1*に加えて和える。山椒の代わりにわさびでアクセントをつけても。

49

毎日開店！　居酒屋　和田屋

帆立てのバターソテー

もりもり薬味のせ

材料

刺身用ほたて…8個

バター…10g

オリーブオイル…大さじ1

醤油…小さじ2

砂糖…ひとつまみ

黒こしょう…多めがおすすめ

みょうが…2個

大葉…5枚

せり…2株

asuka's episode

家にゲストが来る日、何を作ろうか決める時にまず考えるのは、どんなお酒が好きだったっけな？ということ。ゲストが好きなお酒にあわせておつまみを作りたいから。この料理はどんなお酒にもあっちゃうので、作っておいて間違いなし。もちろん、お酒を飲まない人にも満足してもらえます。

下ごしらえ

◎ ほたてはキッチンペーパーで水気を拭く。

◎ みょうがは縦半分に切ってから縦に細く千切り。大葉は細く千切り。せりはみょうがと大葉の長さにあわせてザクザク切る。せりは根っこも美味しいけど、生だとちょっと食べにくいので、使わずに味噌汁用にとっておく。薬味は全部まとめて氷水に放って**パリッとさせておく。**

作り方

1 フライパンにバターとオリーブオイルを入れて火にかける。バターの甘いコクは活かしたいけど、こってりはさせたくないので、**バターとオリーブオイルを半分ずつ使ってソースを作ります。**

2 醤油と砂糖を加え、砂糖が溶けたらほたてをさっとくぐらせる。フライパンを傾けてはじっこにソースを集めるとくぐらせやすいよ。ほたては皿に並べて、黒こしょうをふる。

3 薬味をザルにあげて水気をよくきり、**1**の上に**ふわっと盛る。**フライパンに余ったソースをかける。

材料

あさり(殻つき) … 300g

トマト … 中1個

オリーブオイル … 大さじ1と1/2

にんにく…1片

A｜水 … 大さじ2

　｜白ワイン(酒でもOK) … 大さじ2

　｜トマトペースト … 大さじ2

粉チーズ… 適量

下ごしらえ

◎ あさりは砂抜きする。

◎ トマトはざく切り。にんにくはみ
じん切りにする。

◎ Aを混ぜる。

作り方

1 あさりは殻をよく洗い、水をきる。

2 フライパンにオリーブオイルとにんにくを入
れて火にかけ、香りがたったらあさりとトマト
を入れる。ガシャガシャ炒めて、油が馴染ん
だらAを加えて蓋をする。

3 たまに揺すって、フライパンの中を確かめ、
あさりの口が開いたら火を止める。器に盛り付
けて粉チーズをふる。

asuka's episode

トマトは、生のフレッシュな酸
味と、ペーストの濃厚なうま味、
2種類あわせて使うのがポイン
ト。あさりの塩分で十分なので、
味付けいらず。素材の味、活か
します。大人のワインにあわせ
て作るのに、長女&次女が奪い
合うように食べる。ちなみにわ
たしも、盛りつけたそばからつ
まんじゃう。

女子ウケ良し あさりトマト

材料

鰹のたたき … 150g
（たたきじゃなくてもできますが、
あの香ばしさが結構重要）
トマト … 中1個
玉ねぎ … 1/8個（25g）
ニラ醤油 … 大さじ2
（作り方は89ページを参照）
ごま油 … 大さじ1

下ごしらえ

◎ 鰹は食べやすい大きさに切る。

◎ トマトはざく切りに。すごーく余裕があれば、湯
むきするともっと美味しくなります。

◎ 玉ねぎはできるだけ薄くスライスして、水にさら
しておく。辛み、しっかり抜いてください。

作り方

1 玉ねぎの水気をしっかりときってボウルに
入れ、鰹、トマト、ニラ醤油、ごま油を加え
て和える。

夏がきた！ 初鰹とトマト

（作り方は89ページを参照）

asuka's episode

夏のはじめに、スーパーで見つけたレシ
ピカードで紹介されていた組み合わせ。
鰹とトマトかぁ、夏っぽくっていいなと、
試しにやってみた。なにかと便利なニラ
醤油がここでもやはり便利で、初めての
組み合わせもばっちりまとめてくれまし
た。それからはすっかり夏の定番。なん
せ冷たいビールに合う！

ねぎとろ むすめ 風

asuka's episode

長女といっしょにスーパーに行くと、必ずまぐろコーナーで立ち止まる。ねぎとろはいつ何時だって食べたいらしい。そんなに食べたいなら作ってよ、と、材料を渡してあとは丸投げしてみた。マヨネーズなんか入れるの!?と、最後まで疑っていたけど、出来上がりには大満足。長女は我が家のねぎとろ担当です。

53

材料

まぐろ中落ち … 150〜200g

長ねぎ … 10cm(20g)

醤油 … 小さじ1

みりん … 小さじ1/2

マヨネーズ … 小さじ2
(マヨネーズのこってり感がちょうどいいんだけど、サラダ油や米油でも)

焼きのり … 適量

下ごしらえ

◎ 長ねぎは小口切りにする。

作り方

1 まぐろと長ねぎをまな板にのせ、包丁で好みの粗さになるまで叩く。

2 器に入れて、醤油、みりん、マヨネーズを加えて混ぜる。飾りに小ねぎを散らしたり、わさびを添えても。焼きのりに巻いて食べる。

和田家に100年伝わるという牛トマは、レミさんの代表作。牛肉とトマトを炒めるだけというシンプルさとその美味しさに、誰もがリピートしてしまう神レシピ。わたしも夫も、何度作ってきたかわかりません。だし味好きの我が家にあわせて和風にアレンジしたレシピがこちら。でも、ぜひ、本家本元も作ってほしい！

和田家の牛トマ 嫁アレンジ

材料

牛肉しゃぶしゃぶ用 … 250g

トマト … 中2個（250g）

（できるだけ熟したものを選んでください。色の薄いかたそうなトマトも、家の中の日の当たる場所に置いておくと赤く熟すんですよ。お試しあれ）

A | 水 … 大さじ3
　　鰹節（細かいもの）
　　　… 1パック（4〜5g）
　　醤油 … 大さじ2
　　みりん … 大さじ2
　　酒 … 大さじ2
　　砂糖 … 大さじ1

バジル … 5枚

下ごしらえ

◎ トマトは大きめの乱切りにする。

作り方

1　鍋にAをすべて入れて沸かす。

2　トマトを入れ、まわりがとろけてくるまで1分ほど煮る。

3　牛肉を加えて、トマトをくずさないように軽く混ぜる。ひと煮立ちしたら火を止め、蓋をして5分置き、余熱で火を通す。器に盛り、バジルをちぎって散らす。

55

asuka's episode

冷蔵庫の残り食材で適当に炒め物でも……と、豚肉を炒めていたら、長女がキッチンにやってきて「これ、テジコギ?」と聞いてきた。テジコギの作り方はさっぱりわからないけど、そう言われたらなんだか韓国の味が食べたくなって、急遽味付けを変更。つまんない野菜炒めになる予定から一転、娘の一言で誕生した謎の韓国風料理。

テジコギっ・って言うの?・

材料

豚バラ肉しゃぶしゃぶ用 … 250g
(ところでテジコギとは、豚肉のことでした。勉強になりました)

白菜 … 2〜3枚(200g)

ごぼう … 1/2本(80g)

A｜ にんにく … 1片
　｜ しょうが … 1片
　｜ 醤油 … 大さじ1と1/2
　｜ 酒 … 大さじ1と1/2
　｜ みりん … 大さじ1と1/2
　｜ コチュジャン … 大さじ1
　｜ 塩 … 少々

下ごしらえ

◎ 白菜はそぎ切り。ごぼうはピーラーでリボン状にスライスする。

◎ にんにく、しょうがはすりおろし、**A**の調味料とあわせて混ぜる。

作り方

1 フライパンに豚肉を入れて火にかけ、**脂が出てきたら白菜とごぼうを加えて**炒めあわせる。

2 あわせた**A**を回しかけ、蓋をして5分ほど蒸し焼き。白菜がやわらかくなったら全体をよく混ぜる。好みで一味唐辛子をふっても。

ケランマリ

材料

卵 … 3個

にんじん … 1/5本(30g)

長ねぎ … 20cm(40g)

ウインナーソーセージ … 1本
(ツナやハムで作ることも)

塩 … 小さじ1/4

マヨネーズ … 大さじ1

ごま油 … 適量

下ごしらえ

◎ にんじん、長ねぎ、ウインナーソーセージはみじん切り。

作り方

1 ボウルにごま油以外の材料をすべて入れてよく混ぜる。

2 卵焼き器にごま油をたっぷりと熱し、**1**の卵液を1/3量入れて、卵に火が通ってきたら折りたたむように巻く。残りの卵液も重ねて巻いていくように焼く。ひと巻きするごとに卵焼き器に多めの油を広げましょう。具が入るから巻きにくそうに見えるけど、最後に焼き固める時に表面をきれいにすればいいので、えいっ！と思い切って巻いてみて。

asuka's episode

謎のテジコギに続き、こちらも韓国風のおかず。要するに卵焼きなんだけど、野菜などを刻んでたっぷり入れて焼くのが日本のそれと違うところ。卵焼きよりもっとおかず感が出て助かる。いつもの味に飽きたら、韓国風とか、中華風とか、それっぽい味付けに変えてみるだけで、新鮮なもんです。

だいたい ウンパイロウ

先に言っておこう。本来の作り方と全然違うのです。本当は、豚肉はかたまり肉を何時間もかけて茹でて、薄く薄くスライスする。たれだって、八角や陳皮なんかを加えて複雑な香りをつけたりする。たまにお店で食べると、これが本物だよなぁと恐縮する。でも、わたしの作り方だって、なかなかだと思います。

材料

豚肩ロース肉しゃぶしゃぶ用
　　…300g～400g
（バラ肉だと、豚の脂の甘みが味わえて、それもまた美味しい）
酒 … 適量
きゅうり … 2本
A｜醤油 … 大さじ2
　｜甜麺醤 … 大さじ2
　｜砂糖 … 大さじ1と1/2
　｜黒酢 … 大さじ1
　｜ごま油 … 小さじ1
　｜にんにく … 1/2片
　｜しょうが … 1片
　｜長ねぎ … 20cm（40g）

下ごしらえ

◎ きゅうりはピーラーでリボン状にスライスして、キッチンペーパーで水気を拭く。
◎ Aのにんにく、しょうがはすりおろし、長ねぎはみじん切り。

作り方

1 鍋にたっぷりとお湯を沸かし、お酒をどぼどぼっと鍋にひと回し入れる。もう一度沸いたら火を止めて、10秒数えてから豚肉を入れ、しゃぶしゃぶする。**ほんのりピンクが残る程度で**ザルにあげ、冷ます。これできっと、豚肉の臭みはしっかり取れて、しっとりやわらかく仕上がります。

2 Aをあわせて混ぜ、たれを作る。

3 皿にきゅうりを敷き、**1**の豚肉をのせ、たれをかける。

牛とシャキシャキ野菜の和え物

材料

牛肉しゃぶしゃぶ用 … 200 g
玉ねぎ … 1/4個（50 g）
ピーマン … 2個

A　にんにく … 1/2片
　　ナンプラー … 大さじ1と1/2
　　ライムの搾り汁 … 1個分
　　砂糖 … 小さじ2

下ごしらえ

◎ 玉ねぎとピーマンは細く細く切る。シャキシャキ食感が大事なので、繊維にそった方向に切ってくださいね。にんにくはみじん切りに。

作り方

1　玉ねぎとピーマンは氷水をはったボウルに入れる。これも**シャキシャキ食感のための大事なひと手間**。

2　鍋にお湯を沸かし、牛肉をしゃぶしゃぶする。色が変わったらすぐにザルにあげる。

3　**A**をボウルでよく混ぜ、水をきった野菜と牛肉を加えて和えて、器に盛り付ける。

asuka's episode

この本の撮影中、「和田さんは和え物がお好きなんですね」と編集の方に言われた。たしかに、そうかも。考えてみたら、肉もしくは魚といっしょに、野菜も食べられて、いろんな食材の個性が掛けあわさって面白いから、和え物が好きなんですね、わたし。いろんなパターンの和え物を作ってきたけど、これは自信作のひとつです。

ピータン豆腐

ピータンが美味しいと思えた時、大人になったな！と感じました。さらに、料理に使えるようになった時には、料理、上達したな！と感じました。身近な食材じゃないからこそ、プロっぽい一品ができたってこと、よくあります。べつに、難しいことしなくたってね。

材料

木綿豆腐 … 1丁(200g)

ピータン … 2個

ごま油 … 大さじ1と1/2

長ねぎ … 20cm(40g)

ザーサイ … 大さじ4

塩 … 少々

ラー油(お好みで) … 適量

下ごしらえ

◎ 豆腐はしっかり水切りを。

◎ ピータンは切ってすぐ使うとにおいが気になる。空気に触れさせるとにおいは消えます。1.5cm角に切る。

◎ 長ねぎはみじん切り。ザーサイは食感も大事なので、**細かくなりすぎないように刻む。**

作り方

1 フライパンにごま油と長ねぎを入れて火にかけ、**長ねぎがカサカサになったら火を止める。**ザーサイ、塩を加えて混ぜる。

2 ボウルに豆腐、ピータン、**1**を入れて混ぜる。お好みでラー油をかける。

毎日開店！

居酒屋 和田屋

asuka's episode

骨付き肉を煮込む時には、スープを吸収してくれるもの、つまり大根とか油揚げとか豆とかを、絶対に、合わせる。わたしの中では、スープを吸った側が主役なのです。スペアリブと甘辛味をつけたくなりがちだけど、あえて塩味に。豚のうま味と、大根の甘さが際立つのです。

主役は大根 豚スペアリブの塩煮

材料

大根 … 1/2本(500〜600g)
豚スペアリブ … 500g
米油 … 大さじ1
水 … 600㎖
A にんにく … 1片
　 酒 … 50㎖
　 塩 … 小さじ1
　 砂糖 … 小さじ1
　 塩昆布 … 大さじ1
柚子こしょう(お好みで)
　 … 適量

下ごしらえ

◎ 大根は皮をむいて、長さ7〜8㎝、縦4等分に切り、面取りする。面取りにはピーラーを使うと便利。

◎ にんにくはかたくて重いもので叩きつぶす。

作り方

1　鍋に米油を熱し、スペアリブと大根を入れて、焼き色がつくまで炒める。もうこれ、**塩かけて食べたら美味しいんじゃない?と思っちゃうぐらい**、いい焼き色になるまで。スペアリブから脂が出てくるので、キッチンペーパーで拭きとる。

2　水を加えて煮立たせ、アクを取る。**A**を加え、ひたひたになるまで水(分量外)を足して、蓋をする。30分〜1時間、時間のある限り煮る。柚子こしょうをつけて食べるのが好きです。

材料

鶏もも肉 … 1枚

酒 … 大さじ1

塩 … 少々

白菜 … 3〜4枚(250g)

にんにく … 1片

塩昆布 … 大さじ1程度

ごま油 … 適量

下ごしらえ

◎ 鶏もも肉はひと口大に切る。

◎ 白菜は大きめにそぎ切り。にんにくは薄切りにする。

作り方

1 鶏もも肉に酒と塩をふり、もみ込む。

2 鍋に白菜を敷き、*1*の鶏肉を重ね、にんにくと塩昆布を散らす。蓋をして10分ほど蒸し焼き。鍋底の白菜はおこげっぽくなりますが、**その香ばしさも味わい**。焦げ目をつけたくなければ、鍋にごま油少々を広げておくといいです。

3 火を止めてごま油をひと回しかけ、全体を混ぜる。

鶏と白菜の塩昆布蒸し

asuka's episode

晩ごはんどうしよう。ああもう、今日はなんにも思いつかないな、って日、あるじゃないですか。わたしはなぜか、木曜日に多いです。そんな日はこれ。作るのも楽だし、どんな日でも体が受け入れる味な気がします。「またこれ?」って言われるほど存在感もないから、飽きられないし。こういう料理って、家庭ならではだよなぁ。

「野菜は肉の3倍食べる」が家訓

家族が大好きな
野菜料理

63

「野菜は肉の3倍」もそうですが、「野菜で胃をコーティングすると悪いものが体に入ってこない」とか、「野菜を食べるとやさしい気持ちになる」「葉っぱ食べなさい！って家族にハッパかける」なんて、もはやただのダジャレでは……ってことまで、とかく野菜に関しては、義理の母であるレミさんからたくさんの教えを受けてきました。レミさんは外食のときだって妥協なしで、メニューも見ずに「まずは葉っぱ食べよう！」と言い、外食から帰宅すると「はい、お清め！」と家族みんなに青汁を配ります。

10年以上そんなレミさんの近くにいるからか、

わたしもすっかり野菜信者に。子ども達とは、その日の料理に使った野菜を当てるゲームをしています。小松菜なのかほうれん草なのか、なんの芋なのか、ねぎはねぎでもどのねぎか、よく味わわないと当てられないので、自然と野菜を口にしてくれるし、種類も覚えてくれて、さらに旬や栄養価のことまで話せる、食育的に非常にナイスなゲームなのです。

野菜が大事なのはわかっていても、美味しくなきゃつまらないですよね。家族が飽きずに食べてくれるいちおしの野菜料理を集めましたので、是非。

きんぴら物語

材料

ごぼう … 1本（180g）

米油 … 大さじ1

A 酒 … 大さじ2

醤油 … 小さじ2

白だし … 小さじ2

砂糖 … 大さじ1

炒りごま … 適量

下ごしらえ

◎ ごぼうは、皮にこそ栄養も香りもうま味も含まれているので、わたしは剝いていません。土をしっかり洗い落とすだけ。千切りにしたあとも、水にさらしません。料理が少し黒くなるけど、ポリフェノールのいる証し。

◎ **A**を混ぜる。

作り方

1 フライパンに米油を熱し、ごぼうを炒める。ここは強火で。

2 ごぼうが油でしっとりしたら**A**を加え、湯気からアルコールの香りがしなくなったら火を弱くする。そのまま汁気がなくなるまで炒める。

3 器に盛り、炒りごまを指でひねりつぶしながらかける。

asuka's episode

きんぴらはしばらく安定しなかった。食感が悪い、ごぼうに味が入らない、しょっぱすぎる、甘すぎる……。何がいけないのかわからず迷い続けた。何度悔しい思いをしたかわからない。でも作りたい。上手に作れる人になりたい。その思いだけで作り続けてきました。何度も作らないと摑めないコツがあるかと言ったら、そんなこともないんだけど。わたしにとってはきんぴらこそが乗り越えるべき山だった。なんちゃって。

箸止まらない 大根サラダ

asuka's episode

なぜ箸が止まらないかというと、とにかく食感がいいんですよ。

大根のコリコリと、じゃこのガリガリが、噛むたび頭に響いて気持ちよい。大葉の香りがさっぱりで、いくらでもいけちゃいそうだし。大根をごま油で少し炒めて、温サラダにしても美味しいのです。

材料

大根 … 1/4本（250g）
（生で食べるので、辛みが少ない葉っぱに近い方を使うのがおすすめ）

塩 … 小さじ1/2

鰹節（細かいもの）… 1パック（4〜5g）

大葉 … 5枚

ちりめんじゃこ … 20g

ごま油 … 大さじ2

醬油 … 小さじ1/2

下ごしらえ

◎ 大根は太めの千切りに。だいたい5mm角ぐらい。大葉も千切り。

作り方

1 大根はザルに入れ、塩をふりかけてもみ、5分ぐらい置く。手で大根をぎゅーっと握って水気をよく搾り、ボウルにうつす。

2 鰹節と大葉を加えて混ぜる。

3 小鍋にちりめんじゃことごま油を入れて火にかけ、**じゃこから出る泡が小さくなったら、**熱いまま**2**にかける。醬油もかけてよく混ぜる。

asuka's episode

何を作るか決めてなくても、とりあえず買っておいちゃうのが、白菜。どうやらわたしだけじゃないようで、お仕事でも、毎年冬になると必ず白菜消費レシピの依頼がやってきます。買ったら新鮮なうちに試してほしいのがこのサラダ。我が家は冬になると3日に1回ぐらい食べてます。白菜買いすぎちゃうんだよな。

3日に1回
白菜サラダ

材料

白菜 … 2～3枚(250g)

小ねぎ … 3本

ツナオイル漬け缶
　　… 小1缶(70g)

塩昆布 … 10g

A｜マヨネーズ … 大さじ2
　｜ポン酢 … 大さじ2

下ごしらえ

◎ 白菜は太さ5mmぐらいの千切りに。白い部分も葉の部分も使えます。小ねぎは小口切り。

◎ ツナはオイルをきる。

◎ Aを混ぜる。

作り方

1 ボウルに、材料をすべて入れて和える。

みょうがの明太和え

もう10年ぐらい前だけど、レミさんがささっと作ってくれたのがすごく美味しくて、真似してよく作る一品です。それからしばらく経って、わたしが作ったのを食べたレミさんが「これ美味しいね！あーちゃん上手！」って。いやいやおかあさんのレシピじゃん、と言っても、やっぱり褒めてくれるレミさんでした。

材料

みょうが … 3個
明太子 … 1/2腹(30g)
ごま油 … 大さじ1
炒りごま … 大さじ1

下ごしらえ

◎ みょうがは縦半分に切ってから、さらに縦に千切り。

作り方

1 この料理の美味しさの大半は、**みょうがのシャキシャキ食感**によるものだと思います。なので、切ったみょうがを冷え冷えの氷水にさらして、パリッとさせるひと手間が、ものすごく大事。

2 ボウルに明太子をほぐして入れ、ごま油でのばし、水気をきったみょうがとごまを加えて和える。飾りに大葉の千切りをのせるときれい。

67

作る？ 作らない？ ポテサラ

材料

じゃがいも … 4個（480g）
（おすすめは男爵ですが、お好みの
ものでどうぞ）
塩 … 小さじ1
きゅうり … 1本
塩 … 少々
玉ねぎ … 1/4個（50g）
ウインナーソーセージ … 3本
マヨネーズ … 大さじ4
黒こしょう … 少々

下ごしらえ

◎ ポテトサラダは、工程のほと
んどが下ごしらえみたいなもん
なので、作り方にまとめて書き
ます。

作り方

1 じゃがいもは皮を剝いて、ひと口大に切る。
鍋にじゃがいもを入れ、ひたひたになるまで水（分
量外）を入れ、塩を加えて火にかける。

2 きゅうりは薄く小口切りにしてザルに入れ、塩
をふってもみ、少し置いておく。

3 玉ねぎは薄切りにしてボウルに入れ、水にさ
らし、辛みを抜く。

4 ソーセージは小口切りにして、フライパンでカ
リッと炒める。

5 じゃがいもがやわらかくなったら火を止め、そ
のまま鍋の中でじゃがいもをつぶす。もし茹で汁
が多く残っているようなら、火を強めて水気をとば
してからつぶしましょう。**熱いうちに**マヨネーズと
こしょうを混ぜる。

6 5に、水気を搾ったきゅうりと玉ねぎ、ソー
セージを加えて混ぜる。

asuka's episode

ポテトサラダって、正直、めんどくさい。どこにでも簡単
に添えられていそうなのに、実は手がかかる。"ポテサラ論
争"があった時、ポテサラを作ったことがある人の多くが
そう感じているんだろうなって思いました。ポテサラの日
は子ども達をキッチンに招集して、たくさんある下ごしら
えを分担。できたてのほの温かいポテサラが一番美味しい
なぁと思うから、めんどくさくても作りたくなるのです。

asuka's episode

料理が出そろって、みんなで乾杯して、わたしもダイニングに落ち着き、おしゃべりが始まったのに、「そういえばアボカドあったな……」と、こそこそキッチンへ。お酒を飲み始めたからこそ降ってくるアイデアがあるのですが、この一品もそうやって生まれました。考えるより先に手が動いたような、無計画なひと皿。そうやって作ってる時が一番、料理って楽しい!!と思える時かも。

無計画なアボカド

材料

アボカド … 2個

レモン汁 … 少々

エシャレット … 3本

A オリーブオイル … 小さじ1

塩 … 少々

黒こしょう … 少々

カッテージチーズ … 大さじ2程度

鰹節 … 適量

（ふわっと華やかに盛り付けたいので、花かつおをチョイス）

たまり醤油 … 少々

（たまり醤油のコクが味をまとめてくれるのですが、なければ醤油、もしくはめんつゆでもOK）

下ごしらえ

◎ エシャレット、どこまで食べられるのか、初めてだと迷う方もいると思います。わたしも然り。正解は、全部食べてOK!なのですが、このレシピでは、白い部分だけ使ってほしい。緑の葉の部分はギシギシとかたいこともあるので。葉の部分は、刻んでねぎの代わりに炒め物などに入れましょ。というわけで、白い部分を小口切りにしてください。

作り方

1 アボカドは種を除いて実をくり抜いてボウルに入れる。色止めにレモン汁をかけておく。

2 エシャレットとAを加えてよく混ぜ、器に盛る。チーズと鰹節をふわっと重ね、たまり醤油をひと回しかける。

冷蔵庫の野菜室がパッとしない時にひねり出したサラダ。にんじんも、ごぼうも、だいぶお疲れのご様子だったので、油で炒めるより、しっとり茹でてあげたくなったのです。お惣菜コーナーのスタメンのあのサラダを思い出して作ってみたら、きんぴら以外にもごぼうのレパートリーが増えちゃった。

70

家族が大好きな野菜料理

お惣菜コーナーの ごぼうサラダ

材料

ごぼう … 1/2本(80g)

にんじん

　　… 1/4本(30〜40g)

塩 … 少々

オリーブオイル … 適量

A マヨネーズ … 大さじ2

　 すりごま … 大さじ2

　 醤油 … 小さじ1

　 塩 … 小さじ1/4

　 砂糖 … ひとつまみ

　 牛乳 … 大さじ1

下ごしらえ

◎ ごぼうは、太ければ縦半分に切って、斜め薄切りにする。にんじんは縦半分に切ってから、斜め薄切り。ごぼうとにんじんをだいたい同じ大きさに切りそろえたいという気持ちで。

作り方

1 ボウルでAを混ぜる。

2 鍋にお湯を沸かし、塩とオリーブオイルをひと回し入れ、ごぼうとにんじんを2〜3分茹でる。オリーブオイルを入れると、ほんのりいい香りもつくし、しっとり茹であがります。ザルにあげて水気をよくきり、1に加えて和える。飾りに小ねぎを散らしても。

材料

セロリ … 3本(250g)

塩 … 少々

にんにく…1片

A 醬油 … 小さじ1
　黒酢 … 大さじ2
　砂糖 … 大さじ2
　だし昆布
　　 … 小さいひとかけら
　赤唐辛子 … 1本
　(入れると味がしまる。辛いのがダメ
　だったら、入れなくても)

下ごしらえ

◎ セロリは葉以外を斜め薄切りに。
筋を絶つように切るので、**筋取り
は不要**です。葉っぱもいい香りが
出るので、セロリ好きは刻んで加
えても。

◎ にんにくは叩きつぶす。

作り方

1 セロリはボウルに入れて塩をふり、5分ほ
ど置く。

2 ジップ付きのポリ袋や保存容器ににんにく
とAを入れ、砂糖が溶けるまで混ぜる。

3 セロリの水気を手でぎゅっと搾って**2**に加
え、10分以上つける。にんにくや唐辛子はか
じると辛いので、食べないよう注意！

asuka's episode

幡ヶ谷の名店、「ニイハオ」の名
物は、餃子。なんだけども、大
根のしょうゆ漬けとか、豆板醬
きゅうりとか、ちょっとした冷
菜が地味においしくて、必ずオ
ーダーします。中でもセロリの
酢漬けは、いつも子ども達で取
り合いに。みんなそんなにセロ
リが好きだったの!?と、慌てて
家でまねっこしました。

名店のセロリをまねっこ

茄子のじゅわじゅわ

材料

なす … 3本(250g)

片栗粉 … 小さじ2

米油 … 適量

A｜水 … 100㎖

　｜醤油 … 大さじ2

　｜白だし … 大さじ2

　｜みりん … 大さじ2

　｜砂糖 … 小さじ2

大根おろし … 適量

しょうが … 1片～

下ごしらえ

◎ なすはヘタを切り落とし、縦半分に切る。**皮目に包丁で切り込みを入れて**（これがだしをじゅわじゅわさせるポイント）から、横半分に切る。しょうがはすりおろす。

作り方

1 鍋に **A** を入れて火にかけ、沸騰したら火を止める。

2 なすは耐熱容器に入れてラップをかけ、電子レンジ(500W)で1分加熱。片栗粉をまぶす。

3 フライパンの底から1㎝ぐらいの高さまで米油を入れ、*2* を揚げ焼きに。全面焼き色がついたら、*1* の中に入れて浸す。

4 器に盛り付け、大根おろし、しょうがをのせる。

asuka's episode

高野豆腐、油揚げと並んで、夫が好きなのが、なす。この3つに共通するのは、「噛むとだしがじゅわじゅわ出る」ところだそうで、それには息子も同意らしい。なすは、たしかにだしも吸うけど、油も吸い放題なので、いったんレンチンしてから調理するとヘルシーです。しっかし、だしが好きならだしを飲めばいいのに、噛んでじゅわじゅわさせたいってところが、いかにもうちの男達っぽいなぁと笑っちゃう。

材料

ミニトマト … 30個

A ┌ 酢 … 大さじ2
　├ 砂糖 … 小さじ1と1/2
　├ 塩 … 小さじ1/4
　├ にんにく … 少々
　├ クミンパウダー … 小さじ1/4〜
　└ オリーブオイル … 大さじ2

〈飾り用〉

ペパーミント … 少量

下ごしらえ

◎ ミニトマトはヘタを取り、ヘタのところに包丁の角を軽く刺して、小さな切り込みを入れる。これが皮むきをつるんと簡単にするひと手間です。

◎ Aのにんにくはすりおろす。

作り方

1 鍋にお湯を沸かし、**ミニトマトを入れて4秒**（こだわりの4秒）**数え**、火を止める。ザルにあげ、冷水にさらしながらつるんと皮を剝く。

2 ジップ付きのポリ袋や保存容器にAを入れ、砂糖と塩が溶けるまで混ぜる。しっかりと水気をきったミニトマトを加え、冷蔵庫で15分ほどつける。

3 器に盛り付け、ペパーミントを飾る。

トマトマリネは
やさしい気持ちで

asuka's episode

この数のミニトマトを湯むきする余裕は、平日には皆無。ゲストが来る週末によく作る一品です。トマトに粗く接すると皮がきれいに剝けないので、やさしい気持ちで。時間をかけたわりにぽいぽい口に放り込まれてすぐなくなっちゃうけど、それもまたやさしい気持ちで見守りましょう。マリネ液につかってつやつやに輝くミニトマトは、きっとわたしに感謝してくれてると信じて。

茹でただけのモヤシと切っただけのトマト

材料

もやし … 1袋（200g）

トマト … 大1個

A | 醬油 … 大さじ2
砂糖 … 大さじ1
酢 … 大さじ1
白ねりごま … 大さじ2
炒りごま … 大さじ1
牛乳 … 大さじ1
長ねぎの白い部分
　　… 10cm（20g）

下ごしらえ

◎ 長ねぎはみじん切りに。

作り方

1　もやしはさっと茹でて水気をきる。トマトは縦半分に切り、さらに薄くスライス。あわせて皿に盛り付ける。この料理、盛り付けが9割。

2　Aを順に混ぜてごまだれを作る。まずは炒りごままでをよく混ぜてから、そのあと牛乳でのばして、最後にねぎを混ぜる感じにすると、うまく混ざります。

家族が大好きな野菜料理

asuka's episode

「ただ茹でただけ」とか「まあ切っただけだけど」とか、つい言い訳みたいに言ってしまうけど、全然それでいいじゃないか‼と心の底から思っています。盛り付けがきれいだったら、立派なひと皿に見える。市販のドレッシングをかけてもよいのですが、美味しいごまだれのレシピがあるので、ついでにご紹介しますね。

居酒屋さんとか、焼き鳥屋さんで出てくるキャベツって、なんであんなに美味しいんでしょ。手が止まらなくなっちゃいます。我が家には焼き鳥焼き器があるのですが（夫がAmazonでポチった）、夫が頭にタオルを巻いて焼き場を担当するので、わたしは演歌をかけながら、せっせと居酒屋風サイドメニューを作ります。両親に「へい　らっしゃい！」と言われ続ける子ども達の気持ちは、どんなだろうか。

75

居酒屋キャベツ

材料

キャベツ … 150g

A｜鶏がらスープの素（顆粒）
　　　　… 小さじ1

　　砂糖 … 少々

　　にんにく … 少々

　　水 … 大さじ2

　　ごま油 … 大さじ2

　　すりごま … 大さじ1

下ごしらえ

◎ キャベツはひと口大にちぎる。できれば氷水にさらしておくと、食感がパリッ！とします。にんにくはすりおろす。

作り方

1 ボウルで**A**を混ぜて、水気をきったキャベツを入れて和える。

asuka's episode

野菜であり、おつまみでもあり、調味料にもなるキムチには、大変お世話になっています。好きな食べ物は？って聞かれたら、一瞬キムチが頭をよぎります（本当にキムチでいいのか？って自問しちゃって、結局「お寿司」とか言うんだけど）。このサラダは、わたしがいかにキムチを頼りにしているかわかっていただける料理だと思います。キムチさえ美味しければ、料理はこんなにも簡単なのです。

キムチ好きのサラダ

材料

きゅうり … 2本

塩 … 小さじ1/4

キムチ … 80g

（わたしの推しキムチは、カナモト食品のこだわりキムチ！）

焼きのり … 全形1枚

ごま油 … 大さじ1

下ごしらえ

◎ きゅうりはピーラーで縞状に皮をむき、乱切りにする。めちゃくちゃ簡単な料理なんだけど、飾り気のある切り方をしておいて、ちゃんと作った感を出す作戦です。

作り方

1 きゅうりをザルに入れて塩をふり、5分ほど置く。水気が出たらキッチンペーパーでしっかり拭きとる。

2 ボウルに、きゅうりとキムチ、のりをちぎりながら加え、ごま油を回しかけて和える。

材料

ベーコン … 3枚(50g)

玉ねぎ … 1/2個(90g)

にんじん … 1/3本(50g)

じゃがいも … 小1個(90g)

れんこん … 1/2節(80g)

かぶ … 中1個(70g)

オリーブオイル … 大さじ1

A ┌ トマトジュース(無塩) … 500mℓ

　　 │ 水 … 50mℓ

　　 │ だし昆布 … 5cm×5cm

　　 │ 塩 … 小さじ1/2

　　 └ にんにく … 1片

牛乳 … 50mℓ

オレガノ(乾燥) … 少々

粉チーズ … 適量

下ごしらえ

◎ ベーコンは粗みじん切り。玉ねぎ、にんじん、じゃがいもはさいの目切り。れんこんは食感を楽しみたいので他の野菜より大きめに切る。かぶは小さくすると溶けちゃうのでくし切りに。

◎ **A**のにんにくはすりおろす。

作り方

1 オリーブオイルを熱した鍋に、具材を下ごしらえした順に入れ、炒める。

2 かぶがうっすら透き通ったら**A**を加えて、弱めの中火で煮込む。

3 野菜がやわらかくなったら牛乳を加え、**沸騰させないように**あたためる。沸騰させちゃうと、分離して見た目が悪くなることもあるので。

4 器に盛って、オレガノや粉チーズをかける。

週末ミネストローネ

asuka's episode

昆布を入れるのは、昆布のうま味がトマト味ととっても合うと思うから。牛乳を入れて仕上げるのは、長時間煮込んだようなコクが出るから。いろいろワケはありますが、入れる野菜にこだわりはなし。平日に作ったおかずの残り野菜を入れて作る、週末の定番朝ごはん。なので、野菜はこれに限らず、セロリやブロッコリー、長芋、なすなんかが入ることも。

今ちょうどいいおひたし

材料

小松菜 … 1束(300g)

油揚げ … 1枚

A 水 … 200㎖

鰹節(細かいもの) … 1パック(5g)
（鰹節ごと食べちゃうだしなので、大きいふわふわのより、細かいの推奨）

白だし … 大さじ3

みりん … 大さじ3

塩 … 小さじ1/2

作り方

1 鍋にお湯を沸かし、小松菜の茎の方をお湯に沈めて10秒、続いて葉も沈めて1分程度茹でる。小松菜をザルでキャッチして水気をきり、**おなじ鍋で**油揚げを湯通しする。それぞれ水気を搾り、小松菜は長さ4㎝程度に、油揚げは1㎝幅に切る。

2 鍋に**A**を入れて火にかける。沸いたら小松菜と油揚げを入れてさっと煮て、火を止める。**そのまましばらく置いておくと味が馴染んでおいしいです。**

78

家族が大好きな野菜料理

asuka's episode

はじめは、きっちりだしを取って味を付け、別々に下茹でした小松菜と油揚げを浸す、とっても丁寧なおひたしを作っていました。そのうち、だしの中で小松菜も油揚げも煮ちゃえ！なんて時短おひたしになり。今は、やっぱり下茹ではした方が美味しい、けどだしはラフに作ってもいいな〜、というスタイルにたどり着いています。おひたしの作り方を見れば、その人の料理観がわかる。ってそれは言い過ぎか。

煮汁を昆布だしベースにしたり、味しみのために皮をところどころ剝いたり、かぼちゃに塩をまぶして水分を引き出したり、みりんや酒を入れたり、やわらかく蒸してから煮汁につけたり（もはや煮物ではない）、かぼちゃの煮物ほどいろんな作り方を試した料理はありません。結局、試したことのほとんどを削ぎ落として作ってるけど、堂々とシンプルでいられるのは、信じられる経験があるから。

ただのかぼちゃの煮物

材料

かぼちゃ … 1/4個（400g）
水 … 適量
砂糖 … 大さじ1
醤油 … 大さじ1

下ごしらえ

◎ かぼちゃは種とわたを除き、大きめのひと口大に切る。かたいから、手、気をつけて。それからピーラーで面取りをする。

作り方

1 かぼちゃがちょうど敷き詰められるぐらいの大きさの鍋があればラッキー。かぼちゃを敷き詰めて、**底から1.5cm程度の高さまで水を注ぐ**。水加減は私の中ではこれがベスト。少なめの水で蒸し煮にしたほうが、味も食感もよくなるんです。

2 砂糖を加えて軽く混ぜる。かぼちゃの甘さで十分かもしれないけど、砂糖の効果でしっとり仕上がるし、しっかり甘さを入れておくことで味が安定する。

3 蓋をして中火にかけ、蒸し煮。煮汁が少なくなる頃にはかぼちゃがやわらかくなっているはずだけど、もしまだかたかったら水を加えて、やわらかくなるまで引き続き加熱。

4 鍋を傾けて、残り少なくなった煮汁を端に集め、そこに醤油を加える。**鍋を回して煮汁をかぼちゃに絡ませ**、火を止める。できればそのまま鍋の中で冷ますと、味が落ち着きます。

asuka's episode

きのこ類はなんでもOK。ほうれん草じゃなくて、他の青菜でも。和食にも洋食にもあわせられる味付けなので、「あともう一品なんかできないかな」という時に、頭を使わずサクッと作れる便利なレシピです。粒マスタードは酸味要員なので、この使い方なら子どもでも食べられるはず。メイン料理の付けあわせにも使えます。

あと一品ソテー

材料

しめじ … 1/2株

しいたけ … 2個

エリンギ … 1本

ほうれん草（生のままで大丈夫）

　　… 1束（250g）

バター … 10g

オリーブオイル … 大さじ1

A｜醤油 … 大さじ1

　｜みりん … 小さじ1

　｜粒マスタード … 小さじ1

黒こしょう … 少々

下ごしらえ

◎ しめじは石づきを取って小房にほぐす。しいたけは軸を取って薄切り。エリンギは長さを半分にして縦5㎜幅に切る。ほうれん草は根っこを落としてざく切りにする。

◎ Aを混ぜる。

作り方

1 フライパンにバターとオリーブオイルを熱し、きのこ類を入れ、**蓋をして2分ほど蒸し焼き**。

2 ほうれん草とAを加えてさっと炒めあわせる。

3 皿に盛り、黒こしょうをかける。好みで粒マスタード（分量外）を添える。

材料

枝豆（冷凍でも）… 300g 程度

塩 … 小さじ2

A｜にんにく … 1片
　｜ナンプラー … 大さじ2
　｜砂糖 … 小さじ1
　｜水 … 大さじ3
　｜赤唐辛子 … 1本

下ごしらえ

◎ Aのにんにくはみじん切りに。赤唐辛子は小口切りに。

◎ 冷凍の枝豆を使用する場合は、袋の表示に従って解凍してあわせたAにつける。

作り方

1 枝豆はキッチンバサミで房の端を少し切り、ザルに入れて塩をまぶす。10分程度置く。

2 保存用ポリ袋にAを入れ、しゃかしゃか振って混ぜる。

3 鍋にお湯を沸かし、*1*を入れて、泡が小さく立つ程度の火加減で4〜5分茹でる。ザルにあげて水気をきり、**熱いうちに2**の袋に入れて、最低でも10分はつけておく。食べるとき、つい指をしゃぶっちゃいますが、**それが正しい食べ方です。**

枝豆変化球

81

asuka's episode

枝豆を茹でてザルにあげ、キッチンのはじっこに置いて冷ましていると、子ども達がちょこちょこ寄ってきて、ひとつつまみ、またひとつつまみ……ごはんが始まる頃にはだいぶ減っているのが常。そのくせごはんが始まると枝豆には目もくれない。茹でたての美味しさを知っているからなのか、いや、つまみ食いが楽しいだけだろうな。気持ちはわかる。茹でるだけで美味しいけど、たまには変化球もどうぞ。ぜひ、ビールを冷やして備えて。

我が家の味は ここからうまれる

和田家の
キッチンへ
ようこそ

ようこそ！と、誰でも迎え入れられるオープンな空間でありつつ、
集中できる自室のようにも感じている、キッチン。ごはんを作るの
はもちろん、子ども達が宿題をするのも、夫と話し込むのも、友達
と飲み明かすのも、ひとり黙々と原稿を書くのも、全部、この場所
です。ごはんを作る場所と食べる場所が同じ空間であってほしくて、
調理台とダイニングテーブルをひと続きにしたことが一番のこだわり。
選び抜いた道具や調味料達もあわせて、わたしのキッチンを丸ごと
ご案内します。どうぞ、ゆっくりしてってね。

居心地のよいキッチンにするための、
明日香流8つの方法

朝起きてコーヒーをいれる時から、家族が寝静まって原稿を書く夜まで、一日で最も長く過ごす場所。気分よく過ごせるよう、目に映るすべてをお気に入りアイテムに。動きやすさも大事なポイントです。

あ！
見ちゃダメ

point
01

この先に

奥のパントリーを
こっそりのぞき見

ここ

家電類は目立つ場所に置かない

家電類は生活感が出やすいので、できるだけ見えない場所に設置。たとえば冷蔵庫は存在感や圧迫感があるので、キッチンの端、扉を閉めるとバックヤードになる部分（パントリー）に置いています。

point
03

お気に入りの調理道具や
キッチン小物でテンションアップ

コンロの反対側にある飾り棚には、お皿やグラスだけじゃなく、花瓶、時計、トロフィー、本、置物と、料理に関係ないものも並べています。手仕事を感じるようなものや、鮮やかなものが多いです。逆に、見える場所に置く調理器具は、業務用のような無骨さがあるものをチョイス。

この奥が
パントリー

point
02

キッチン内にごみ箱は置かない

たまったごみのにおいや、ごみ箱自体の汚れも気になるので、キッチンにごみ箱はありません。キッチンで出るごみは、持ち手付きのポリ袋をタオルラックに下げ、そこにポイ。ちなみにこのラック、台拭きやゴム手袋も干せて大活躍です。

point
04

すぐ
手が届く

よく使う調理道具は、デザインに
こだわって、使いやすい場所に

菜箸やヘラ、おたまなどの調理ツールは、調理中すぐ手に取れるよう手の届くところに出しておきたい。出しっぱなしでも、乱雑な印象をなくすには、色やデザインなどをそろえることが大事だと思います。わたしは、ツールも、ツール立ても、黒で統一。塩と砂糖を入れておくケースとペッパーミルは、コンロに合わせてステンレス製のものを選びました。

和田家のキッチンへようこそ

調理台の下

そのほかの調理道具は引き出しに

引き出しに分類して収納。向かって右側は、包丁や
ナイフ、キッチンバサミなどの刃物類。中央は計量ス
プーン類。左のスペースにはおろし金、ピーラー、肉
叩き、茶こしなどもろもろを収納。

point
06

立てて
収納してあるから
さっと取れる

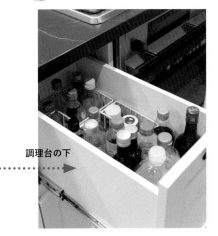

調理台の下

よく使う調味料も
すぐ手に取れるように

醤油、酒、みりん、油など、調味料のレギュラー
選手たちは、調理台の下にスタンバイ。ここに入
れておけば、2秒で取り出せます。使ってすぐし
まえるので、調理台にズラーッと調味料が並んで
しまうこともなし。

point
07

壁側の下の
引き出しに

フライパンも引き出しに

レミさんプロデュースの「レミパン」を愛用。鍋とフライパンの
いいとこ取りの調理器具なので、これだけあれば十分。調理
中、振り向いたら、さっと取れる窓際の下の引き出しが定位
置。

食器を収納した
引き出しは9個

point
08

窓際の
引き出しに

食器は、大きさで分けて、引き出し収納

我が家には食器棚がなく、食器は引き出しに収納。棚にしま
うと、奥のものや下に重ねたものが見えず、せっかく集めた
食器を活用できないかなと。広い引き出しに並べておけば、
料理をどの器に盛り付けるか、眺めながら選べます。色も形
もさまざまなお皿がありますが、ざっくりと大きさ別で収納。
でも、しまう場所が足りなくなってきたのが悩み。

うちでよく使う調味料いろいろ

和田家の料理に欠かせない調味料。スーパーで気軽に買えるもののほか、
自然食料品店で探したもの、取り寄せているものまでさまざまです。

よく使う、基本の調味料はこちら。塩は、ミネラルを多く含む自然塩であることを基準に、いろんな
産地のものを買って試しています。砂糖は散々迷って、てんさい糖に落ち着きました。みりんは本みり
ん、醤油と酢はじっくり発酵させてつくられているものを。マヨネーズは、味もとびきりよいのですが、
なんとパッケージのイラストを描いているのが義理の父である和田誠なのです。

手前から時計回りに、浜御塩／白松、てんさい糖／ホクレン農業協同組合連合会、タカラ本みりん「純米」〈国産米100%〉／
宝酒造、有機純米料理酒／盛田、吉野杉樽天然醸造醤油／フンドーキン醤油、老梅有機純米酢／河原酢造、松田のマヨネー
ズ／ななくさの郷

旅行でも、出張でも、行く
先々で気になるのが、スー
パーの味噌売り場。その土
地ならではの味噌を買って
帰るのが趣味です。容器に
数種類の味噌を詰めて、料
理にあわせてブレンドして
使うのがなんとも楽しい。

独特の風味を付けるのに重宝する調味料達。ナンプラーは醤油がわりに炒め物や和え物に使うと、料理の幅がぐんと広がりますよ。黒酢＆紹興酒コンビがいれば、中華おかずのクオリティがアップ。たまり醤油も一度使ったら手放せなくなりました。

左から、化学調味料無添加オイスターソース、ナンプラー／ともにユウキ食品、オーガニックたまり／丸又商店、臨醐山黒酢／内堀醸造、紹興酒「塔牌」花彫〈陳五年〉／宝酒造

我が家で使う油脂類は、バター、オリーブオイル、ごま油、米油の四つ。炒め物や中華をよく作るので、ごま油は特大サイズを常備。揚げ物は米油はそのよさを知ってからサラダ油のかわりに日常使いしています。

写真手前から時計回りに、雪印北海道バター／雪印メグミルク、有機エキストラバージンオリーブオイル・オルチョサンニータ／アサクラ、マルホン「純正胡麻油」／竹本油脂、米油／ボーソー油脂

お酒にあうおかずには、辛味調味料が使いたくなります。子どももいっしょに食べられるよう、辛さ抑えめに作り、大人はあとから一味や豆板醤をプラス。コチュジャンはそこまで辛くないので、肉料理の下味やスープの味付けにも。

左から、焙煎一味／八幡屋礒五郎、四川豆板醤、コチジャン／ともにユウキ食品

素材の味を大切にした調味料達。特に、白だしとポン酢は何種類も試して選び抜いたもの。メーカーによって味がさまざまで、どれを使うか迷いますが、好みの味と出会えると頼もしいパートナーを手に入れたような気分。味付けが楽になります。

左から、化学調味料無添加のガラスープ／ユウキ食品、ねり胡麻チューブ（白）／大村屋、三河白だし／日東醸造、直七ぽんず／直七の里

キッチンの常連、買い置き食材

和田家の料理に不可欠で、引き出しや冷蔵庫に必ずあるものをご紹介します。
美味しさはもちろん、安全で品質がいいものばかりです。

すりごま

すりごまは料理のトッピングに使うだけでなく、たれやドレッシングにもよく入れます。香りやコクが足せる上に、たれやドレッシングと食材の接着剤になってくれるのです。「お惣菜コーナーのごぼうサラダ」（P70）や、「居酒屋キャベツ」（P75）で使っています。

オニザキのつきごま金／オニザキコーポレーション

キムチ

20種類以上は食べ比べている、キムチ。手に入りやすく、子どもも食べられて、甘くなく、添加物なしのこちらが、最推しキムチです。スープ、和え物、炒め物にはもちろん、「キムチ好きのサラダ」（P76）のようにドレッシングとしても使います。

こだわりキムチ／カナモト食品

焼きのり

焼きのりには絶大な信頼を寄せています。天然食材で唯一、3種類のうま味を備えるのり。ちょっと味が足りないと思った時、調味料を足すより、のりを入れると不思議と味がキマるってこと、よくあります。「ねぎとろ むすめ風」（P53）にも欠かせません。

焼海苔　匠の味佐賀海苔／佐藤海苔

細かい鰹節パック

「茄子のじゅわじゅわ」（P72）や「今ちょうどいいおひたし」（P78）のように、だしに追い鰹節してより濃いだしに。沸かしたお湯にこれと野菜と味噌を放り込めば、瞬時に味噌汁も。すりごま同様、食材との"接着剤"にもなるので、ドレッシングにもよく加えます。

かつおぶしパック／久津間

塩昆布

「3日に1回 白菜サラダ」（P66）のように、塩気とうま味を足してくれる調味料として使います。塩ほどとがった塩味ではないところが使いやすいポイント。野菜に塩昆布をふりかけて手でもみ、水気を搾ってごま油をかけるだけで一品完成。助かります。

塩昆布／カドヤ

じゃこ

「箸止まらない 大根サラダ」（P65）では、食感をよくするキーパーソンとして登場。チャーハンの具や、冷や奴のトッピング、和え物のアクセントにと、幅広く使えます。ごま油でカリカリに炒めてから使うことが多いです。

ザーサイ

まろやかな酸味、塩味、独特の香り、そしてコリコリ食感。アクセントちょい足しにはもってこいの使えるヤツです。「ピータン豆腐」（P59）やチャーハンなど、中華おかずにはもちろん、刻んでサラダに入れるのも好き。汁物の具にもおすすめです。

味付搾菜／桃屋

鰹節、だし昆布

地味だけど、しみじみうまい。そんな我が家の味を作ってくれるのは、間違いなくだしです。正月のお雑煮から、大晦日の蕎麦まで、一年中ほぼ毎日だしを取っています。

本節削り／久津間、日高昆布カット／えりも漁業協同組合冬島支所

和田家の自家製調味料 & たれ

基本的に市販のドレッシングやたれは使いません。その代わり、おいしくて便利な
手作り調味料やたれが大活躍。スーパーにあるもので簡単に作れます。

保存場所 冷蔵庫
保存期間 3～4日

自家製めんつゆ

市販のめんつゆが便利なのはよくわかる。でも、うちにはうちの味があるという自負を持ち続けるため、めんつゆは手作りと決めている。自分にかけた呪いみたいなもんです。

材料（作りやすい分量）
水 … 400mℓ
だし昆布 … 5cm×5cm
煮干し（頭と内臓を除く）
　　… 5本
鰹節 … 50g
A　醤油 … 100mℓ
　　みりん … 100mℓ
　　砂糖 … 大さじ1
　　塩 … 少々

作り方

1　鍋に、分量の水、だし昆布、煮干しを入れ、昆布がふやけるまで置く。

2　1を中火にかけ、煮立ったら鰹節を入れて2～3分煮て火を止める。

3　昆布、煮干し、鰹節を取り除き、Aを加えて煮立たせる。

水やお湯で好みの加減に割って使用、煮物の味付けにも。

保存場所 冷蔵庫
保存期間 6ヶ月

醤油麹

日に日に変化する醤油麹の様子に、育てているような気持ちになって、話しかけちゃいます。干ししいたけや昆布（どちらも乾燥したまま）を加えればだし醤油に、にんにくを入れればにんにく醤油にも。

材料（作りやすい分量）
米麹（乾燥） … 適量
醤油 … 適量

作り方

1　清潔な保存容器に米麹を入れ、醤油をひたひたになるまで注ぐ。全体を混ぜて、空気が通るようにラップや蓋をずらして、冷蔵庫に入れ、保管する。

2　1日1回かき混ぜ、麹がほろほろとやわらかくくずれ始めた頃から使用する。

まぐろのブツなど、刺身に和えたり、つけたりしてよく食べます。魚の臭みが消え、うま味が増します。和食だけでなく、韓国風の味付けにも合う。

スープの隠し味に少々の醤油麹を加えると、ぐんとうま味と深みが増します。

ニラ醤油

もとはレミさんのレシピなのですが、さすがにもうちょっと何か入れた方がいいのでは?と、いろいろ足して実験してみたものの、結局ニラと醤油だけで十分だとわかりました。ひれ伏しましたよ。レミさんと、ニラに。

材料（作りやすい分量）
ニラ … 1束
醤油 … 適量

作り方

1　ニラを細かく刻む。

2　保存容器に1を入れ、醤油をひたひたになるまで注ぐ。

刺身を入れたサラダのドレッシングに。刺身を豚しゃぶにしてもおいしい。冷や奴のトッピング、焼き肉や焼き魚のたれにも◎。

保存場所 冷蔵庫
保存期間 1週間

教えて明日香さん

料理のことから、仕事、子育て、夫婦のこと、美容 & 健康について……よく聞かれることにお答えします。

【料理編】

Q1 自分で作る中で、一番美味しいと思う料理は?

A: 豚汁。

鰹、肉、野菜のうま味があわさって、日本人でよかったとしみじみ。

Q2 献立を考えるのが苦手。明日香さんはどうやって考えている?

A: 肉が続いたから今日は魚かなとか、メインがガッツリ系になりそうだからさっぱりした副菜もほしいなとか、明日は休みでゆっくり飲めるからおつまみも作ろうかなとか、いろんなこと考えてますけど、一番は、自分が食べたいものを作ることだと思います。

Q3 どうしたら料理が上手になると思う?

A: 美味しい!と思った時に、これってどうなってるんだろう? なんで美味しいんだろう?って、いちいち考える。それで発見したことをどんどん試してみる。

Q4 効率が悪くて時間がかかる。スムーズに作るコツは?

A: 時間、かかってもいいじゃないですか。それが苦痛でなければ。

コツはいろいろありますが、時間がかかる工程がなんなのか把握できているといいかも。それをやってる間に、ほかのことを進められるので。あと、何品か同時に作るなら、野菜をすべてまとめて切ってから、生ものを切る。細かいことだけど、そうすれば包丁、まな板をいちいち洗わなくて済むし、一気に下ごしらえが済んでそのあとがサクサク進みます。よく使う道具や調味料を出しやすいところに置くのも大事かなぁ。

Q5 料理はセンスだと思う?

主婦歴6年、まだ冷蔵庫の余りもので何かを作ることができず……。

A: センスは大事だと思います。センスも大事だけど、丁寧さだったり、大胆さだったり、計画性だったり、レシピの再現力だったり、ほかにも大事なことはあります。センスだけにとらわれなくていいんじゃないかな。誰にだって向き不向きはいろいろある。どうしたって思うように身につかないこともあるでしょう。ちなみにわたしは運動のセンスが驚くほどありません。

Q6 子どもが小さく、相手しながらごはんを作るのが難しくて……。明日香さんはどうしていた?

A: おんぶしながら作ったり、泣いてるのに「ちょっと待っててね〜」と声をかけて(つまりほったらかして)作ったり、「今ママごはん作ってるの!」って怒りながら作ったり、「なんでわたしばっかりこんな大変な思いしなきゃなんないの」って泣きながら作ったり、してきましたよ。あと、夕方のEテレにどれだけお世話になってきたことか。

Q7 幼児食と離乳食と大人のごはんを準備する技やコツがあれば教えて

A: それは大変だ。頭パンクしますね。基本、無理ですよね。

離乳食は、それ用の小鍋をひとつ買って、**お粥炊きながら野菜や魚をいっしょに煮込んで、ぐちゃぐちゃにつぶす**のばっかり作ってました。お粥とおかずに分けて作るってのは、本当に最初の頃しかやってないなぁ。幼児食は、味付けを薄くするとか、肉や魚はよく焼くとか、それぐらいしか気をつけてなかったかも。基本的には大人と同じものを食べさせてます。

Q8 晩ごはんはどのタイミングで、どうやって考えている?

A: 午後3時頃になると、頭が勝手に考え出します。「晩ごはんどうしよっかなぁ」と思って時計を見ると、かなりの確率で3時。体内時計ならぬ、**体内時報**。

子ども達のお弁当の中身と、自分のお昼ごはんと、昨日作ったものを思い浮かべて、で、なんだったらバランスがいいか、何が食べたいか、ぼんやり考えます。

Q9 お弁当作りを始めました。お弁当に向くおかずを教えて

A: ふわふわ鶏つくね!

冷めても
ふわふわなので

Q10 朝ごはんは何を作っている?

A: チャーハン率高め。

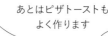
あとはピザトーストも
よく作ります

91

Q11 風邪ひきかけの時に作る一品は?

A: <u>にんにくいっぱいのアホアホ粥</u>。レミさんのレシピです。それか、太めのうどんをとろとろに煮込む<u>味噌煮込みうどん</u>。母が風邪の時よく作ってくれました。

Q12 結婚前から料理していた?

A: <u>まったくしてませんでした</u>。家にいて、お腹がすいて、でも何も作れないから、ゆで卵でいいやと思って、卵を電子レンジで加熱して、爆発。掃除がめちゃくちゃ大変で、あー料理ってめんどくさ、と思っていたような人間です。

Q13　好きなお酒の種類とおつまみベスト3は?

A：ビール、芋焼酎のソーダ割り、辛口白ワインが好きです。おつまみベスト3は、「ブリトニー」（P20）、「南房総で教わった鰺のなめろう」（P48）、「みょうがの明太和え」（P67）かなぁ。

Q14　料理する時はいつもアレクサが音楽をかけてるの?　よく聴く曲は?

A：**やる気が出ない時ほど音楽が必要**。その日の気分によって聴く曲が違うので選ぶのが難しい！ Alicia Keys や Adele のバラードを熱唱して気持ちを高めて、調子が乗ってきたら、レッチリとか N.E.R.D とか、ギターが煽ってくるような曲に。**ラップを聴くと、なぜか無心で作業に打ち込める**ので、下ごしらえや片付けが多い日にはヒップホップ。ビッグバンドの曲で**無駄に優雅に料理したくなる**日もあれば、マイケルを聴いて**ポゥポゥ言いながら作る**日もあるし、昭和の歌謡曲で居酒屋の仕込み気分を楽しむ日もあります。音楽さえあれば、どんな気分にだってなれちゃう。

Q15　どうやって子ども達がいっしょに料理するように巻き込んでいったの?

A：むこうから来てくれるので、おう よく来たな、って歓迎するだけ。**子どもの興味を削がないよう**に気をつけてます。

Q16　究極にめんどくさくなって、カップ麺とか食べることはある?

A：ひとりランチの時はありますよ。日清のシーフードヌードル大好き。誰にも見えないところにこっそり置いてあります。

Q17　平野レミさんが作ってくれて、忘れられない料理はある?

A：すっごく美味しそうなカレーができてたのに、「バナナにかけて食べると美味いからやってみてよ！」って、**目の前でバナナにカレーをかけ始めた時**のことは忘れられません。

Q18　和田家の家訓は「ひき肉を使わない」「野菜は肉の3倍食べる」以外に何があるの?

A：**ごはん中はテレビを消す。**

Q19　フードプロセッサーでミンチする肉に憧れます。フープロ愛、教えて！

A：**挽きの肉って、ゴージャス**ですよ。かたまり肉買ってきて、フープロにかけながら、どれぐらいの粗さにしようかなってやってると、なんかすごく贅沢な気持ちになる。**野菜のみじん切りも一瞬**です。にんじんとか玉ねぎとか、野菜のドレッシングも一瞬。ポタージュの野菜をすりつぶすのもフープロでできちゃう。

Q20 やっぱりレミパンは使いやすいの?

A: もし、夫と結婚せず、和田家の人間になっていなかったとしても、どこかでレミパンとは出合えていたらいいなと思います(笑)。それぐらい使いやすい。
十数年前のわたしのように、これからいろんな料理にチャレンジしてみるという人には特におすすめ。どんな料理にも万能に対応してくれます。いろんな鍋を使い分けられるのもかっこいいけど、ひとつの鍋を使い続けて、手に馴染んだり、火の通りの感覚を掴んだり、鍋を振る動きを極めたり、そういうのもかっこいいですよね。だからわたしは、今までもこの先も、レミパンひと筋。

お味噌汁やスープ、朝のちょっとした調理には、ミニサイズが便利。

これもおすすめ!

ツールは全部で6種類。シンプルだけど計算されたフォルムで、手によく馴染みます。

ハンドルとツールにはマグネット内蔵。蓋の持ち手の隙間も利用すれば、調理中ツールの置き場に困りません。

Q21 どんなエプロンをつけてるの?

A: 選ぶ基準はずばり、色。 remyでエプロンのデザインに携わった時も、とにかく色にこだわりました。形はシンプル、丈は長めが好き。素材はリネンに目がない!

洗いすぎてくたくた、落ちないシミもある。でも手放せない。体に馴染みすぎちゃって。

93

一番のお気に入り。しょうがで染められたこの素晴らしい色! 好きすぎて着たまま買い物も行っちゃう。eatrip apronのオンラインで購入。

このエプロンは「ギリシャ」って呼んでます。白Tにジーパンにギリシャが夏の鉄板コーデ。Maduで購入。ブランド不明。

remy zipron。上半身は防水加工の布地。下半身は、今治タオルの残糸を再利用したタオルで、ジッパーで取り外し・交換可能。

後ろの留め具は抱っこ紐の着脱しやすさがヒント。

落ち着いた色なんだけど、紐の模様とネオンイエローのラインがプレゼント包装みたいで、ツボ。BRUNOのリネンエプロン。購入場所は忘れました。

教えて明日香さん

Q&A

【日常編】

Q22 夜何時に寝て、朝何時に起きる？
夜のひとり時間は
何をして過ごしている？

A: 寝るのは11時ぐらい。朝は7時すぎに起きます。
夜のひとり時間は、テレビ見ながらフォームロー
ラーで体じゅうゴリゴリほぐして、ベッドで本を読んで
ます。

Q23 子ども達がいない、
お昼間の時間は何してる？

A: 仕事か掃除か洗濯か、近所の好きなお店をぶら
ぶら。

Q24 育児でこれだけは譲れない！
というのは何？

A: 子どもの話は
聞く。

母親の機嫌が、家の空気を
左右するよね〜

Q25 落ち込んだ時は、どうやって
気持ちを切り替えている？

A: ビールを飲みながら夫に愚痴ります。

Q26 子育てでイライラした時の
リフレッシュ法は？

A: やっぱりビールを飲みながら夫に愚痴ります。

Q27 自分の気分を保つために
していること、何かある？

A: 週に1回のピラティスは、欠かすと体も気持ちも
モヤモヤしてきます。

Q28 旦那さんと喧嘩することはある？
夫婦円満の秘訣は？

A: あんまりないです。怒ったり、怒られたりするこ
とはあるけど。夫婦円満の秘訣は、当たり前の
ことだけど、**日々ちゃんと話す**ことかなぁ。今仕事こ
んな感じなんだよねとか、子どものこととか、どうで
もいい話も。

Q29 食育インストラクターの資格を
取得してよかったと思うことは？

A: **自信が持てました。**母親以外のなにものかにな
れた気がした。

94

和田家のキッチンへようこそ

Q&A コーナーなんて
初めてやりました!!

Q30 家庭と仕事を両立する上で大切にしていることは?

A: <u>両立、ではなく、両輪</u>だと思うようにしてる。自転車のタイヤみたいに、ふたつ同時に回してるから、前に進めているんだと思ってます。今のわたしは片っぽだけじゃ前に進めそうにないし、どっちかがパンクしてももちろん進めない。

Q31 肌をきれいに保つ秘訣は何だと思う?

A: バランスよくなんでも食べて、<u>のびのびできる時間をもって</u>、しっかり保湿する。

Q32 スタイル維持のために何をしている?

A: 週1ピラティス。でも、スタイルは思うように維持できなくなってきてますね。ほんとに。

Q33 ファッションで気をつけていることは?

A: 古着とか、ちょっとボロボロっぽい服が好きなんです。だから、汚く見えないように、着る前にはアイロンをかけるとか、<u>清潔感を大事</u>にしてます。

Q34 行ってみたい場所は?

A: ポルトガル。海の近くで、ヴィーニョ・ヴェルデというポルトガルの緑のワインを飲んで、ポルトガル料理をいっぱい食べたい。あー。行きたいなー。

95

Q35 好きな季節は?

A: 夏!

Q36 好きな色は?

A: 白。

和田明日香

料理家。食育インストラクター。東京都出身。3児の母。料理愛好家・平野レミの次男と結婚後、修業を重ね、食育インストラクターの資格を取得。各メディアでのオリジナルレシピ紹介、企業へのレシピ提供など、料理家としての活動のほか、各地での講演会、コラム執筆、CM、ドラマ出演など、幅広く活動する。2018年、ベストマザー賞を受賞。著書に『子どもは相棒 悩まない子育て』(ぴあ)。『和田明日香のほったらかしレシピ・献立編』(辰巳出版)も好評発売中。本書では和田家の食器を使ってスタイリングも担当。

装丁・デザイン　鳥沢智沙(sunshine bird graphic)
ヘア&メイク　渡辺真由美(GON.)
調理アシスタント　数本知子、都留沙矢香
編集　杉岾伸香
撮影　佐山裕子(主婦の友社)
DTP 制作　鈴木庸子(主婦の友社)
編集担当　宮川知子(主婦の友社)

10年かかって地味ごはん。

2021年5月31日　第1刷発行
2023年4月10日　第34刷発行

著 者　和田明日香
発行者　平野健一
発行所　株式会社主婦の友社
　　　　〒141-0021
　　　　東京都品川区上大崎3-1-1
　　　　目黒セントラルスクエア
　　　　電話 03-5280-7537(編集)
　　　　　　　03-5280-7551(販売)
印刷所　大日本印刷株式会社

©Asuka Wada 2021　Printed in Japan
ISBN 978-4-07-447557-5

P86-88 に掲載されている調味料や食品の問い合わせ先

アサクラ
0242-26-3712
内堀醸造
0574-43-1185
えりも漁業協同組合冬島支所
01466-2-3939
大村屋
06-6622-0230
オニザキコーポレーション
0120-30-5050
カナモト食品
0268-62-0781
カドヤ
042-723-1752
久津間
0465-24-1537
河原酢造
0120-703-275
佐藤海苔
03-5830-3173
竹本油脂
0120-77-1150
宝酒造
075-241-5122
(宝ホールディングス　お客様相談室)
直七の里
06-6227-5051

ななくさの郷
http://www.nanakusanosato.com/
日東醸造
0566-41-0156
白松
03-5570-4545
フンドーキン醤油
0972-63-2111
ホクレン農業協同組合連合会
0120-103190
ボーソー油脂
0120-288-845
丸又商店
0569-73-0006
桃屋
0120-989-736
盛田
0120-691-601
八幡屋礒五郎
0120-156-170
ユウキ食品
0120-69-5321
雪印メグミルク
0120-301-369

※株式会社は略しました